추천의 글

생명이 소중하다는 말은 너무 흔한 말이어서 그냥 지나치기 쉽지만 다시 한번 귀기울여 듣지 않을 수 없습니다. 왜냐하면 이 생명들은 우리가 모르고 있지만 항상 우리와 함께 살아가면서 많은 영향을 주고받고, 우리 인간들조차 잊고 지내던 많은 것들을 가르쳐 주기 때문입니다.

한 마리의 곤충은 인간의 군식구로 단지 옆에 머물러만 있는 것이 아닙니다. 그들에게는 인간이 배우지 못한 우정도 있고, 사랑도 있습니다. 개미와 꿀벌은 인간에게 오래 전부터 부지런함을 배우라 일깨워 주었고, 징그러운 사마귀조차 오늘을 살아가는 우리에게 철저한 자기 관리의 모범을 보여 주고 있습니다. 매미의 끈기나 바퀴벌레의 생명력도 소중한 배움거리입니다.

그래서 이 책이 어린아이들에게 그 작은 생명의 소중함을 새로이, 그리고 가슴 깊이 새길 수 있는 길잡이가 되리라 믿습니다. 작지만 하나밖에 없는 생명이 얼마나 신비롭고 아름다운지, 그리하여 함께 지켜져야 할 내 이웃과 같은 존재라는 것을 어린이들이 오래도록 기억에 남기기를 기대합니다. 한 땀 한 땀 수놓은 듯한 정성이 담겨 있고 재치 있는 한 마디가 어우러져 있는 이 책이 학교에서 배운 것보다 더 유쾌하고 재미있는 생태 교실이 되리라 믿습니다.

중앙대학교 자연과학부 생명과학과 교수 송철용

宋哲鏞

우거진 풀 숲 곤충들이 고물~고물~

글 / 한정영, 파란마음만들기 그림 / 정재혁, 김상미 사진 / 포인스닷컴(www.phoins.com) 감수 / 송철용 펴낸이 / 이재은 펴낸곳 / 세상모든책 편집 / 박민호, 임미경 디자인 / 안혜선, 조원주 마케팅 / 이주은, 송유근, 황지영 주소 / 서울시 종로구 인의동 112-1 동원빌딩 9층 전화 / 02-745-3927 팩스 / 02-745-3962 E-mail / everybk@hanmail.net 처음 펴낸날 / 2002년 10월 14일 출판등록 / 1997.11.18. 제10-1151호

이 책에 실린 글과 그림을 무단으로 복사, 복제, 배포하는 것은 저작권자의 권리를 침해하는 것입니다.
ISBN 89-5560-041-0 74400
ISBN 89-5560-040-2(세트)

풍돌이 풍순이와 한 약속

휘윤이가 여섯 살이었을 때, 곤충 박람회장에 갔다가 풍뎅이의 애벌레를 사다 준 적이 있었어요. 그런데 어느 날, 녀석의 일기장에서 이런 글을 보았죠.

> 우리 풍뎅이가 커서 어른 벌레가 되었다. 그래서 어제 아빠가 새집으로 바꾸어 주셨다. 그런데 원래 이름은 '흰점박이 꽃무지'이다.
> 지이익 풍돌이가 날개를 퍼덕였다. 풍돌이는 흰 점은 없고 줄무늬만 있고, 풍순이는 흰 점도 있고 줄무늬도 있다. 배가 고프면 스스로 먹는다. 먹이는 야채와 과일이다. 잠잘 때는 흙 속에서 잔다. 어떤 때는 검은색이라 잘 안 보인다.
> 나는 풍돌이와 풍순이를 잘 키울 것이다.
> 우리는 형제!

그로부터 얼마 후, 풍돌이와 풍순이가 죽고 말았어요. 휘윤이는 약속을 지키지 못해 속상하다고, 생각 속에서 만나자고 했어요. 그 때 저도 약속했죠. 풍순이 풍돌이에 대한 재미있는 이야기를 선물하기로 말이에요.

한정영

There was a promise made to Pung Dori and Pung Suni

When Hwui-Yun was six years old, I bought him larvae of the gold beetle at the insect-fair. One day, after that, I read this entry in his diary.

> My larvae of the gold beetle grew up to be adults. So my daddy changed them to a new house. Their original names are 'Ggot-muji with white spots'.
> FLAP-. Pung Dori flapped his wings. He has only a stripe without white spots, but Pung Suni has them both. When they are hungry, they eat food for themselves.
> They eat vegetables and fruits. When they want to sleep, they go to sleep in the
> soil. Sometimes they can't be seen well because of their dark color.
> I will take good care of them.
> We are brothers and sisters!

A few days later, Pung-Dori and Pung-Suni died.
Not able to keep his promise, Hwui-Yun was distressed and wanted to meet them in his memories. Therefore, as promised, I have given! you this interesting Pung-Suni and Pung-Dori story.

Han Jeong-Yeong

우리 반 아이들은 모두 천재

자고 나면 돋는 새순처럼 궁금증이 자라는 아이들. 세상에 대한 호기심으로 가득 찬 아이들에게 무심코 지나칠 만한 것은 하나도 없습니다. 날마다 선생님을 향해 쏟아져 나오는 질문들을 들으며 아이들의 관찰력과 상상력에 놀라곤 합니다.
'우리 반은 천재들만 모인 반인가?'
스스로 엉뚱한 감탄을 해 보기도 하지만, 때로는 미처 생각지 못한 질문에 얼굴을 붉히며 궁색한 변명을 찾아보기도 합니다. 그리고 그제야 똑같은 궁금증을 품어 봅니다.
"선생님! 파리와 모기 중 어느 것이 사람을 더 귀찮게 해요?"
아이들은 항상 그런 질문과 꿈을 안고 삽니다. 아이들 눈으로 본 세상은 신기한 것들뿐입니다. 어른들에게 묻지 않고 지나쳐 버리는 수많은 질문들이 사실은 그냥 웃어 넘겨서는 안 되는 소중한 사건 사고들입니다.
이제 아주 조금 소리를 내어 우리 반 천재들에게 말할 수 있을 것 같습니다.
'얘들아, 이제 질문 많이 해도 혼내지 않을게. 맘껏 질문하렴!'

김영지(파란마음만들기 회원, 교동초등학교 선생님)

이야기의 순서

1. 사람을 가장 닮은 곤충, 개미 8
   (1) 개미 엉덩방아 찧는 소리 8
   (2) 개미는 말도 하죠 14
   (3) 개미들의 진짜 걱정거리는 사기꾼들이에요 15
   (4) 개미는 일기 예보도 해요 19

2. 저리가! 파리와 모기 21
   (1) 파리와 모기 중 어떤 녀석이 더 사람을 귀찮게 할까? 21
   (2) 모기를 잡으려면 배를 졸라라 23
   (3) 참 깨끗한 곤충 파리? 28
   (4) 파리의 비행 실력 32
   　　곤충과의 진실 게임 · 하나 – 내가 바로 곤충이다 33

3. 곤충 세계의 식인종, 사마귀 38
   (1) 사마귀는 배신자 38
   (2) 사마귀가 깡패인 이유 42

4. 농약 같은 곤충, 무당벌레 46
   (1) 무당벌레는 간이 부었다? 46
   　　이런 곤충 저런 곤충 – 소금쟁이는 어떻게 물 위를 걸을 수 있을까? ... 53

5. 나는 용이다, 잠자리 55
   (1) 곤충 세계의 용 55
   (2) 사냥 대장, 잠자리 58
   　　곤충과의 진실 게임 · 둘 – 곤충의 살아 남기 위한 전략 61

6. 똥이 좋아 똥에서 사노라네, 쇠똥구리와 뿔풍뎅이 ... 63
   (1) 쇠똥이 좋아 – 쇠똥구리 ... 63
   　곤충과의 진실 게임 · 셋 – 장수풍뎅이를 길러 보자 ... 68

7. 곤충 최고의 인기 가수, 매미와 귀뚜라미 ... 70
   (1) 노래 연습만 7년 – 매미 ... 70
   (2) 우리에겐 우리만의 말이 있다 – 귀뚜라미 ... 76
   　이런 곤충 저런 곤충 – 엄마의 입술은 깍지벌레? ... 81

8. 총알도 못 뚫는다, 거미줄 ... 83
   (1) 행운을 점치는 거미 ... 83
   (2) 총알도 못 뚫는 거미줄 ... 88
   　곤충과의 진실 게임 · 넷 – 거미는 곤충이 아니다 ... 93

9. 아, 슬프다, 나비 ... 95
   (1) 나비는 슬프다? ... 95
   (2) 지혜로운 호랑나비 ... 102

10. 밤이 좋아, 불이 좋아! 나방과 반딧불이 ... 107
    (1) 불 속으로 달려 들어도 난 소방관이 아니야 – 나방 ... 107
    (2) 내가 왜 빛을 내는지 알아? – 반딧불이 ... 110
    　이런 곤충 저런 곤충 – 새를 죽이는 곤충 – 가뢰 ... 115
    　이런 곤충 저런 곤충 – 겨울에는 곤충, 여름에는 풀 – 동충하초 ... 116

11. 엄마가 가장 싫어하는 곤충, 바퀴벌레 118
  (1) 바퀴벌레는 돈벌레 118
    이런 곤충 저런 곤충 – 벼룩은 얼마나 높이 뛸 수 있을까? 125

12. 내 몸은 내가 지킨다, 잎벌레와 대벌레, 노린재 127
  (1) 나는 똥을 업고 산다 – 잎벌레 127
  (2) 내가 나뭇가지일까, 곤충일까? – 대벌레 129
  (3) 방귀 향수를 발사하라 – 노린재 132

13. 댄스 댄스 댄스, 벌의 수수께끼 135
  (1) 수수께끼 · 하나 – 벌은 왜 춤을 출까? 135
  (2) 수수께끼 · 둘 – 벌은 여자를 쏘지 않는다? 137
  (3) 수수께끼 · 셋 – 벌은 불평등하다? 139
  (4) 수수께끼 · 넷 – 벌집은 왜 육각형일까? 141
    이런 곤충 저런 곤충 – 맹수보다 무서운 메뚜기 145
    곤충과의 진실 게임 · 다섯 – 사슴벌레를 키워 보자 147

14. 엄마 아빠를 닮은 곤충, 물자라와 물장군, 집게벌레 150
  (1) 아빠를 닮은 물자라와 물장군 150
  (2) 엄마를 닮은 집게벌레 154
    곤충과의 진실 게임 · 여섯 – 곤충 채집 ABC 157

1. 사람을 가장 닮은 곤충, 개미

1 개미 엉덩방아 찧는 소리

　시작부터 무슨 '개미 엉덩방아 찧는 소리'를 하고 있냐구요? 땅바닥을 기어다니는 작은 개미가 사람을 닮았다니 믿을 수 없다는 말이겠죠. 하지만 이 글자부터 보세요.
　蟻.
　이 글자는 개미를 한문으로 쓴 것인데, '개미 의' 자거든요. 자세히 보면, '蟲(벌레 충)'자와 '義(의로울 의, 옳을 의)'가 합쳐져서 된 글자죠. 즉 개미는 의로운 곤충이란 뜻이에요. 옛날 이야기를 들어 보면 사실이 그렇잖아요.
　동화책에 나오는 이야기이지만, 한번은 비둘기가 물에 떠내려가는 개미를 구해 준 적이 있었어요.
　그런데 어느 날, 이 비둘기가 사냥꾼의 총에 맞을 위험에 처하게 되었어요. 바로 그 때, 개미가 나타나 사냥꾼의 발뒤꿈치를 물어 버렸죠. 그 덕분에 사냥꾼의 총알이 빗나갔고 비둘기는 가까스로 목숨을 구할 수가 있었어요. 그뿐이 아니에요. 홍수에 휩쓸려 가는 개미 일가족을 한 농부가 구해 주었더니 나중에 수만 마리의 개미떼가 쌀 한 톨씩을 농부의 집에 물어다 주어서 큰 부자가 되었다는 이야기도 있어요. 그래서인가요? 집에 개미가 살면 부자가 된다는 옛말도 있죠. 그래서 집에 모여 사는 개미들은 사람들에게 이렇게 외친다는군요.

"여러분! 부~자 되세요!"

아, 그렇다고 귀 기울여 듣지는 말구요. 정말 부자가 되려면 개미를 닮으면 될 거예요. 〈개미와 베짱이〉의 이야기에서처럼 말이에요. 베짱이는 더운 여름날 매일 노래만 부르고 놀다가 한겨울에 먹을 것이 없어서 거지처럼 되어 버리지만, 개미는 여름에 열심히 일해서 겨울에도 먹을 것이 넘치잖아요. 자, 이만하면 개미가 사람을 많이 닮지 않았어요? 아직도 믿지 못하겠으면 진짜 개미가 어떻게 살고 있는지 낱낱이 들여다보자구요.

여왕개미
개미 왕국은 여왕개미의 알 낳기부터 시작된다. 여왕개미가 얼마나 알을 많이 낳고, 또 그 알들을 얼마나 잘 키우느냐에 따라 개미 왕국이 잘 되느냐 못 되느냐가 달려 있다. 그래서 여왕개미는 제 몸 속의 양분까지 아낌없이 빨아내 제 새끼들에게 먹인다. 간혹 여왕개미의 양분이 모자라 덜 자라는 새끼들이 있는데, 이런 개미를 〈난쟁이 개미〉라고 부른다.

흔히 개미를 여왕개미, 수개미, 일개미와 병정개미로 나누는데, 녀석들은 사람들처럼 각자 맡은 일이 따로 정해져 있어요.
우선 여왕개미! 여왕개미의 가장 중요한 일은 무엇일까요.
알까~기!

알을 낳기 위해 여왕개미는 우선 혼인 비행을 시작하죠. 시집가고 싶다고 무작정 아무 때나 날아가는 건 아니구요. 바람이 없는 따뜻한 날을 골라야 해요. 일단 여왕개미가 하늘로 날아오르면 뒤이어 수많은 수개미들이 여왕개미를 따라갑니다. 그러면 여왕개미는,

"나 잡아봐라~."

하면서 더 멀리 달아나다가 따라온 수개미 중 가장 튼튼하고 멋진 신랑감을 골라 짝짓기를 하고 다시 땅으로 내려와요. 다음 일은 집짓기예요. 보통 땅 표면에서 30센티미터 아래에 사방이 약 3센티미터쯤 되는 방을 하나 만들죠. 그러고는 알을 깐다구요? 아니에요. 그 전에 할 일이 또 하나 있죠. 바로 자신의 날개를 부러뜨리는 일이에요. 짝짓기를 했으니 더 이상 날아다닐 필요가 없어서겠죠. 아니 그보다 날개의 근육은 앞으로 태어

날 새끼 개미들의 아주 좋은 먹이가 되거든요. 맞아요, 여왕개미는 오로지 알을 낳고 새끼를 키우는 데에만 온 힘을 쏟아요. 그것이 자신의 할 일이거든요. 또 그래야만 튼튼한 '개미 왕국'을 건설할 수 있으니까요. 그래서 제 몸의 영양분까지 다 짜내서 새끼에게 먹여요.

우리 엄마 생각나죠?

일개미와 수개미, 병정개미도 제 일이 정해져 있기는 마찬가지죠.

> 여왕개미가 제일 처음 낳은 알들은 모두 일개미가 됩니다.
> 일개미는 주로 먹이를 모으는 역할을 하고 항상 여왕개미를 보살피며
> 알들이 새끼개미로 태어날 때까지 돌보아 줍니다.
> 집을 넓히고 방을 꾸미는 일도 일개미의 몫입니다.
> 일개미 중 특히 큰 녀석들이 있는데, 바로 병정개미입니다.
> 병정개미들은 턱이 발달하여 먹이를 부수거나 적과 싸우거나
> 집을 지키는 일을 하게 됩니다.
> 마지막으로 수개미가 있는데, 여왕개미처럼 날개가 있어 날아다닐 수가
> 있습니다. 그러나 여왕개미와 짝짓기를 하고 난 수개미는
> 즉시 죽게 되고, 여왕개미의 수명이 5년쯤 되는 데 비해서
> 수개미의 수명은 고작 1년입니다.

제가 맡은 일을 빈틈없이 해 내는 개미들을 보면 사람을 참 많이 닮은 것 같지 않아요? 심지어 남아메리카의 버섯개미들은 사람이 농사를 지으며 채소를 재배하는 것처럼 버섯까지 기른답니다. 하긴 그토록 먼 나라까지 가지 않더라도 어느 곳에서든 개미가 가축을 기르는 것을 볼 수 있어

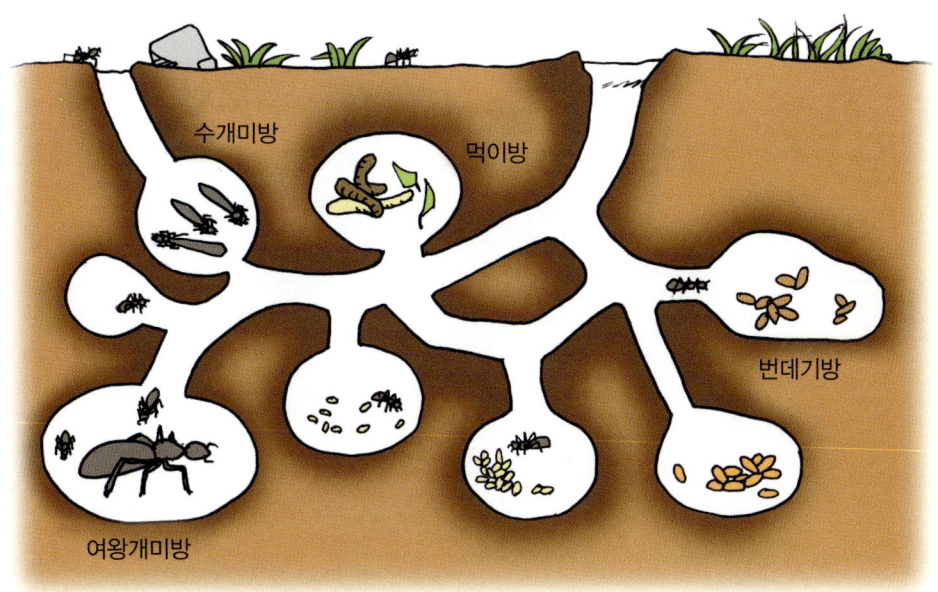

개미의 집
혼인 비행을 마친 여왕개미는 땅 속이나 식물의 줄기 등에 집을 짓는다. 보통 땅 표면에서부터 30센티미터 정도 아래에 굴을 파고 들어가 사방 3센티미터 정도 넓이의 집을 짓는다. 그러나 여왕개미가 알을 낳고 일개미들이 생겨나면서 개미의 집은 어마어마하게 커진다. 각 방들이 아무리 복잡하게 얽혀 있어도 항상 신선한 공기가 들어올 수 있도록 환기 시설이 잘 갖추어져 있다. 뿐만 아니라 비가 많이 내려도 물은 땅 속으로 스며들도록 되어 있다.

요. 아, 놀랄 건 없어요.

개나 고양이를 기른다는 뜻은 아니니까요. 그럼 어떤 가축을 기르느냐구요?

개미가 기르는 가축은 달콤한 영양분을 주는 진딧물이에요. 개미는 진딧물을 무당벌레나 잠자리와 같은 곤충으로부터 보호해 줘요. 그러나 세상에 공짜는 없는 법! 진딧물을 그 대가로 개미에게 제 똥구멍에서 나오는 단물을 먹게 해 주죠. 이렇게 서로 필요한 것을 얻으며 사는 걸 '공생'이라고 해요. 그런데 똥구멍에서는 방귀만 나오는 거 아니냐구요?

진딧물의 똥구멍에서 나오는 단물에는 '탄수화물'과 온갖 종류의 '아미노산'과 같은 몸에 좋은 영양분이 듬뿍 들어 있다는군요. 그래서 어떤 개미들은 진딧물을 한쪽에 몰아 놓고 키우기도 한대요.

그래도 흉내는 내지 마세요. 생각만 해도, 우웩!

2 개미는 말도 하죠

물론 한국말이나 영어는 아니구요. 저희들만의 말이 있다는 거예요. 바로 '냄새'예요. 개미의 몸에서는 '페로몬'이라는 향수와 같이 냄새나는 물질이 나오거든요. 특히 한 마리의 개미가 먹이를 발견했을 때 이 페로몬은 효과가 짱이죠. 먹이를 발견한 한 마리의 개미는, 앗싸! 하고 외치며 즉시 동료들을 부르러 달려가요. 이 때 페로몬을 길에 뿌리죠. 먹이가 있는 곳으로 되돌아가야 하는데 자칫 길을 잃을 수도 있지만 페로몬을 뿌려 놓으면 그 냄새를 맡고 정확하게 찾아갈 수 있으니까요. 이 길을 '냄새 길'이라고 해요. 그래서 먹이를 물고 바삐 길을 가는 개미를 자세히 들여다보면 아마 개미가 강아지처럼 쿵쿵거리듯 걸어가는 것처럼 보일 거예요. 그리고 또 제 엉덩이를 땅에 질질 끌고 가죠. 왜냐구요? 엉덩이에서 페로몬이 나오기 때문이에요.

뒤에 따라오는 개미가 길을 찾도록 자신도 페로몬을 뿌리는 거예요.

음, 아무리 생각해도 곤충들의 엉덩이는 여러 가지 일을 하는 것 같군요.

어, 그런데 먹이를 다 먹어 치운 다음에도 페로몬이 남아 있으면 어쩌죠? 먹이가 남아 있는 줄 알고 허탕을 치는 개미가 있을 수도 있겠네요.

엉덩이를 끌고 냄새길을 만들면서 가는 개미
개미의 엉덩이에서 나오는 페로몬의 냄새는 매우 강하다. 단 1밀리그램만으로도 지구를 세 바퀴나 돌 수 있을 만큼의 냄새길을 만들 수 있다고 한다.

하핫, 걱정도 팔자! 먹이를 다 옮기고 나면 제일 마지막에 남은 개미는 돌아갈 때 더 이상 페로몬을 뿌리지 않아요. 그러면 페로몬은 알코올처럼 금방 냄새가 날아 가 버리기 때문에 더 이상 냄새가 남아 있지 않게 되죠. 그러니까 괜한 걱정은 개미의 허리춤에 붙들어 매 두세요.

③ 개미들의 진짜 걱정거리는 사기꾼들이에요

갑자기 웬 사기꾼 이야기냐고요? 참으로 믿기 어려운 일이지만 곤충들 중에는 개미와 냄새도 비슷하게 내고 하는 짓까지 흉내내며 개미가 모아 놓은 식량을 날치기하는 녀석들이 있단 말이에요.

뭐, 사람이 보기에는 개미와 다른 곤충들은 분명히 구별이 되지만 개미들은 냄새와 움직임만으로 '적과 아군'을 구별하다 보니 그런 일이 생기곤 해요.

최고의 사기꾼은 딱정벌레들이에요. 특히 딱정벌레란 녀석들은 개미들이 내뿜는 '엉덩이 냄새', 아니 페로몬과 똑같은 종류의 냄새를 뿌려 개미들의 집으로 숨어 들어가요. 간첩이나 다름없는 녀석들이죠. 그러고는 지나가는 일개미를 툭 건드립니다. 그러면 개미가 돌아서겠죠?

"나 불렀수?"

하고 말이에요. 그러면 딱정벌레는 즉시 일개미의 입 언저리를 다시 한 번 토닥토닥 두드리죠.

이건 개미가 제 동료들에게,

'먹을 것 좀 있으면 나눠 먹을래?'

하는 행동이에요. 그런데 딱정벌레의 이 행동이 개미들의 행동과 너무나 비슷해 지나가던 개미는 제 친구인 줄 알고 먹이를 토해 내 딱정벌레에게 내밀어요. 그러면 딱정벌레는 그것을 쭈욱 빨아먹죠.

물론 들키기도 해요. 이럴 때 딱정벌레는 재빨리 바닥에 '밧데루 자세'를 취해요. 더듬이랑 다리를 등껍질 밑으로 움츠리죠. 그러면 개미들이 달려들어 녀석을 뒤집어 엎으려고 시도하는데 워낙 껌처럼 잘 달라붙어 있어서 쉽지가 않아요. 몇 번이고 뒤집다가 실패하면 개미들은 곧 포기하고 말죠. 그러면 딱정벌레란 녀석은 또다시 다른 개미집으로 사기를 치러 가요.

딱정벌레보다 개미의 더 큰 적은 바로 개미지옥이에요. 이름도 섬뜩하죠.

개미지옥은 말 그대로 개미에게는 지옥과 같은 곳이에요. 여기 주인이 누구냐구요? 바로 개미귀신이랍니다.

개미귀신은 주로 물기가 하나도 없는 흙이나 모래를 찾아 집을 짓습니다. 집을 짓는 방법도 특이해서 개미귀신은 모래 속을 파고들며 뒷걸음질칩니다. 소용돌이를 그리듯 빙글빙글 돌면서 말입니다.
머리는 삽 모양을 닮아서 흙을 파기에 좋습니다.
개미귀신은 이런 식으로 흙을 자꾸 위로 퍼 올리는데, 나중에는 한 가운데가 뾰족하게 들어간 팽이 모양의 구덩이가 생깁니다.
이것이 바로 개미귀신의 집, 곧 개미지옥입니다.
이렇게 집을 지어 놓고 개미귀신은 개미가 지나가길 기다립니다.
이 웅덩이에 한 번 빠지면 개미는 빠져 나오지 못합니다. 구르는 모래에 미끄러져서 자꾸만 아래로 떨어져 내리고 마는 것입니다.
바퀴벌레와도 싸워서 이기는 개미가 개미지옥에서는
꼼짝도 하지 못합니다.

개미귀신과 개미지옥
개미귀신이라 불리는 벌레는 명주잠자리의 애벌레이다. 개미귀신이라는 이름이 붙게 된 명주잠자리의 애벌레가 다른 먹이보다 특히 개미를 좋아하기 때문이다. 특히 개미귀신은 끈기가 있어서 먹이가 빠질 때까지 며칠, 아니 1주일 이상을 같은 자리에서 기다린다고 한다. 개미귀신은 개미가 지칠 때까지 기다린 후 개미가 기진맥진한 뒤에 잡아먹는다.

그러나 개미가 늘 순하게 당하고만 사는 건 아니에요. 병정개미들은 거의 '깡패'나 다름없어요.

병정개미들은 떼를 지어 몰려다니며 가는 곳마다 '쑥대밭'을 만들어 놓기 일쑤죠. 그 때문에 병정개미가 지나가는 곳에는 아무것도 남지 않아요.

오죽하면 멕시코에서는 병정개미가 지나갈 때 집을 버리고 대피한대요. 잠시 집을 비웠다가 돌아와 보면 병정개미가 집 안의 바퀴벌레며 쥐까지 잡아먹어 버리거든요. 그래서 병정개미는 사는 모양도 달라요. 대부분의 개미들이 집을 짓고 사는데 비해 병정개미들은 집을 짓지 않고 떠돌아다니며 살죠.

'터프'한 것으로 치자면 목수개미들도 한몫 한다고 볼 수 있죠. 목수개미의 일개미들은 희생 정신으로 똘똘 뭉쳐 있어요. 행여 자신의 동료들을 해치려는 적이 나타나면 자기의 배를 터뜨린답니다. 그리고 뱃속에 있던 독물을 쏟아내 적에게 덮어 씌워요. 자신의 몸을 던져서 다른 동료를 구하거나 집을 철통같이 지키죠.

4 개미는 일기 예보도 해요

개미가 줄지어서 높은 곳으로 이사를 가면 큰비가 온대요. 자기 집의 출입구를 막아도 마찬가지구요.

이제 개미가 얼마나 사람을 닮은 곤충인지 이해가 되죠? 아니, 오히려 우리 언니와 누나들은 지금도 개미를 닮으려고 얼마나 애를 쓰는데요. 심지어 밥까지 굶어가며 개미를 닮으려 한다구요.

왜냐하면 '개미 허리'가 되고 싶어서죠. 개미의 허리가 잘록하고 날씬하잖아요.

옛날 이야기를 보면 개미는 너무 웃다가 허리가 잘록해진 것이라는데 우리도 맘껏 웃어 보자구요.

"하하하!"

어때요, 허리가 좀 잘록해진 것 같아요?

흰개미

이름은 흰개미이지만 흰개미는 개미와 다른 종류이다. 다만 개미와 습성과 생김새가 비슷해서 붙여진 이름이며 개미보다 원시적인 곤충이다. 흰개미는 아름드리 나무도 쓰러뜨리는 괴력을 가지고 있다. 수만 마리가 한꺼번에 달려들어 고목나무의 밑둥을 갉아먹어 쓰러뜨리기 일쑤이다. 다행인 건 썩은 나무만 갉아먹는다는 것이다.

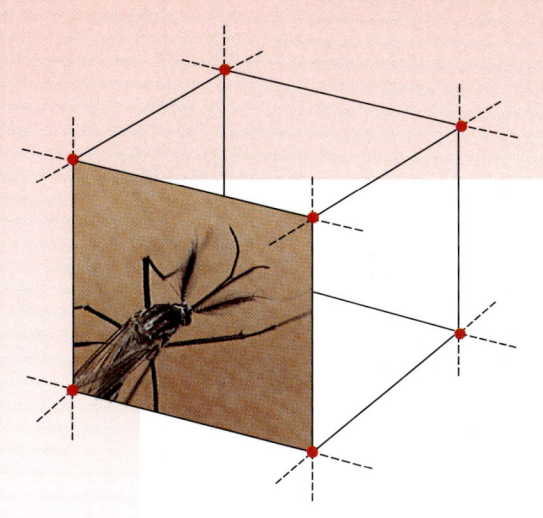

2. 저리 가! 파리와 모기

1 파리와 모기 중 어떤 녀석이 더 사람을 귀찮게 할까?

아주 오래 전의 일이었어요. 하늘의 신은 사람들을 아끼고 사랑해서 사계절 내내 산과 들의 나무마다 열매가 주렁주렁 열리게 해 주었어요. 그 때문에 사람들은 힘들이지 않고도 먹을 것을 얻을 수 있었지만 게을러졌죠. 매일 잠자고 먹고, 또 잠자고 먹고……. 우리도 그랬으면 좋겠죠? 하지만 그러면 벌받아요.

맞아요. 하늘의 신은 더 이상 게으른 인간들을 두고 볼 수가 없었죠. 그래서 곰곰이 생각하다가 파리란 녀석을 불렀어요. 그리고 파리에게 아주 중요한 명령을 내렸죠.

"너는 사람들에게 날아가 낮잠을 자지 못하게 하여라!"

명령을 받은 파리는 쪼르르 달려 내려와 낮잠을 자는 사람에게는 무조건 달려들어 간지럽혔어요.

　사람들은 낮잠을 잘 수가 없었죠. 하는 수 없이 사람들은 움직이고 일을 해야만 했어요. 그래야만 파리가 달려들지 않았거든요.
　그러나 문제는 밤이었죠. 사람들은 게으른 습성을 버리지 못했어요. 해가 지기만 하면 불을 끄고 잠자리에 들기 바빴던 거예요. 하늘의 신은 이번에는 모기를 불러 말했어요.
　"낮에 일 조금 했다고 해만 지면 자는 사람들을 깨우거라!"
　모기는 얼른 달려 내려와 해만 지면 잠을 자려는 사람들을 침으로 쏘아 깨웠죠. 사람들은 이번에도 하는 수 없이 일어나서 불을 켜고 일을 더 하고 잠자리에 들어야 했어요. 낮에는 파리, 밤에는 모기. 사람들은 녀석들 때문에 귀찮아서라도 열심히 일해야 했던 거예요. 글쎄요, 옛날 이야기라 믿을 수 있을는지는 모르지만요.

2 모기를 잡으려면 배를 졸라라

우선 오른손을 들고 맹세부터 해요.

첫째, 나는 땀을 흘리지 않는다.
둘째, 나는 화장품, 스프레이, 향수를 뿌리지 않는다.
셋째, 나는 화내지 않는다.

무엇을 위한 맹세냐구요? 왜 이런 거창한 약속을 해야 하는지 궁금할 거예요. 크게 긴장할 것은 없구요, 모기에 물리지 않으려면 반드시 지켜야 하는 것들이에요. 모기는 땀냄새, 화장품이나 향수 냄새를 아주 좋아하거든요. 모기들은 이런 냄새쯤은 무려 20미터 밖에서도 맡을 수 있죠. 화를 내는 사람을 왜 좋아하느냐구요? 화를 내면 몸에서 열이 나고 숨이 빨라지기 때문이에요. 모기는 열 있고 숨 빨리 쉬는 사람을 아주 좋아하죠.

어린이들이 모기에 더 잘 물리는 이유는 어린이가 어른보다 열이 많고 숨을 빠르게 쉬기 때문이에요. 아무리 어른 흉내를 내도 모기에게는 못 당하죠.

아, 모기들은 또 검은색과 붉은색을 좋아해요. 그러니까 특히 언니 누나들에게 잘 말해 두세요. 멋 내려고 알록달록한 색깔의 옷을 입고 얼굴엔 화장하고 몸에는 향수까지 뿌렸다가는 모기들이,

"야아, 우리 밥이다!"

라고 소리치며 달려들 거예요. 뻥이 심하다구요? 그런 쬐그만 녀석이 물어 봤자 무슨 큰 탈이 나겠냐구요? 하긴 엄지손가락으로 한번 꾹 눌러 주

면 그만인데 너무 엄살부린다구요?

하지만 생각보다 모기란 녀석은 아주 치밀하게 사람들을 노리고 있다구요. 녀석을 잘 살펴보면 만만치 않다는 걸 알 수 있을 거예요.

녀석은 일단 먹잇감(으아, 사람이 먹잇감이라니!)을 발견하면 아무도 눈치 못 채게 살며시 내려앉아요. 그러나 이 때 여섯 개의 다리 중에서 두 개는 늘 들고 있어요. 그건 또 무슨 이유냐구요?

여차하면 튀어야지!

바로 그 때문이죠. 녀석은 조용히 내려앉은 뒤에 주둥이를 내밀어 어느 곳이 연한지 더듬거리며 찾아요. 그래야 제대로 찌를 수 있으니까요. 참, 모기가 침을 가지고 다닌다는 사실은 알고 있죠? 자기가 무슨 어의 허준도 아니고 침을 여섯 개나 갖고 다닌다구요. 흥, 침통도 있다니까 말 다했죠. 한번 볼래요?

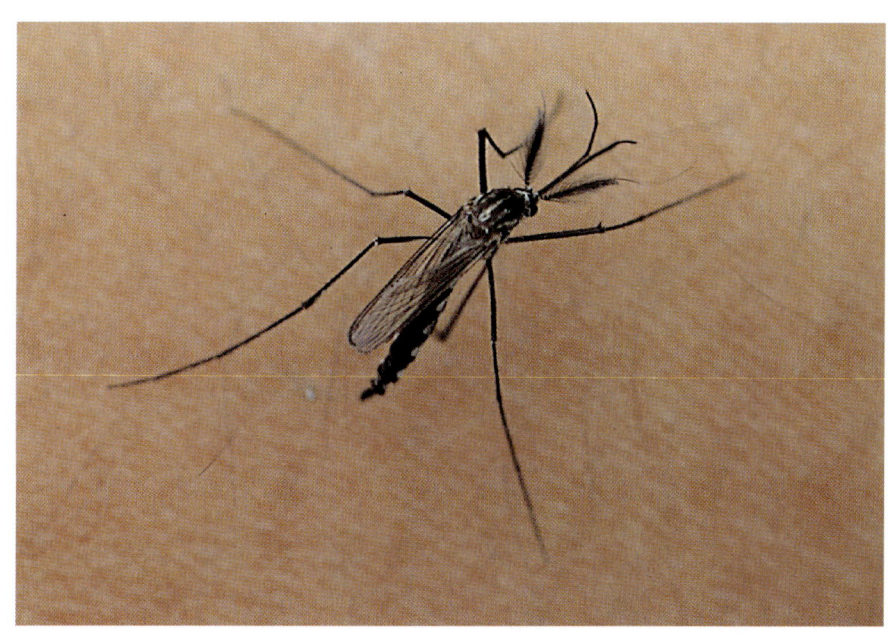

모기

모기의 머리는 크고 둥글다. 2개의 겹눈이 있는데, 눈이 머리의 대부분을 차지한다. 눈이 크니까 사물의 움직임에 아주 민감하다. 더듬이로 냄새를 맡고 소리를 듣는다. 더듬이에 긴 털이 많은 것이 수컷, 적은 것이 암컷이다. 다리는 모두 6개, 걸을 때는 모두 사용하고, 서 있을 때는 두 발을 들고 4개만 사용한다. 각 다리에는 발톱이 있어서 천장에도 달라붙을 수 있다.

모기는 주둥이가 나비와 비슷하게 생겼고 아랫입술이 침을 담아두는 침통 역할을 합니다. 이 침통에 6개의 바늘이 들어 있으며 그 중에서 4개는 아래턱과 위턱에, 나머지 2개는 윗입술에 붙어 있습니다. 사람의 피부를 찌를 때에는 아래턱과 위턱으로 우선 찌릅니다. 이 때 모기의 침이 사람의 혈관으로 흘러들어가는데 이 침이 피가 굳는 것을 막아 줍니다. 또한 모기에게 물리면 가렵고 부어오르는 이유도 바로 이 침 때문입니다. 이 침이 피부와 맞닿아 앨러지 반응을 일으키기 때문입니다.

그런데 모기는 피만 빨아먹고 살까요? 그건 또 아니라는군요. 뜻밖에도 모기의 주식은 피가 아니라 꿀이나 과일의 즙이에요. 주제에 맛있는 건 아는 모양이네요.

그렇다면 피는 후식?

그런 건 아니구요. 사람의 피를 빨아먹는 독한 녀석은 모두 암컷이랍니다. 여자가 한을 품으면 오뉴월에도 서리가 내린다더니 독하긴 독하죠? 물론 같은 여자라고 봐 주는 법은 없어요. 맛있는 피는 가리지 않아요. 다만 피를 먹을 때는 따로 있대요. 바로 알까기를 위해서랍니다. 튼튼한 알을 까기 위해서는 단백질이 필요하거든요. 말하자면 알까기를 앞둔 암컷만이 피를 먹는 거죠.

이를테면, 모기에게 피는 영양제인 셈!

우리 엄마도 동생을 낳을 때 아빠가 사다 준 영양제 한두 병쯤은 드셨을 거예요. 그래야 튼튼한 아기를 낳으니까요. 모기도 제 자식은 귀한지 충분한 영양을 위해서 자기 몸무게의 두 배씩이나 되는 양만큼 빨아먹는

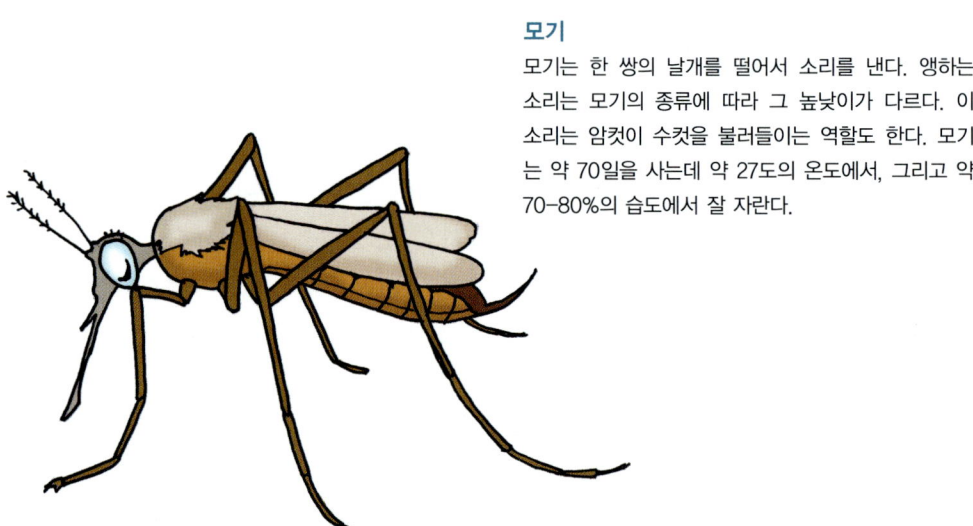

모기

모기는 한 쌍의 날개를 떨어서 소리를 낸다. 앵하는 소리는 모기의 종류에 따라 그 높낮이가 다르다. 이 소리는 암컷이 수컷을 불러들이는 역할도 한다. 모기는 약 70일을 사는데 약 27도의 온도에서, 그리고 약 70-80%의 습도에서 잘 자란다.

대요. 과연 몸집은 작아도 빈틈없는 녀석이죠?

그리고 녀석을 만만히 보아서는 안 되는 이유는 사람들에게 남기고 가는 반갑지 않은 선물 때문이에요. 무서운 전염병을 옮기거든요. 모기가 옮기는 가장 무서운 전염병은 말라리아와 뇌염이에요.

말라리아는 열이 많이 나면서 온몸이 부어오르는 병인데 심하면 죽을 수도 있어요. 우리 나라에서 발견되는 모기의 대부분은 이 말라리아 병균을 가지고 있어요. 나머지가 뇌염모기인데 뇌염에 걸리면 심한 경우에는 미친 사람이 될 수도 있답니다.

물론 모기에 물렸다고 해서 무조건 저런 끔찍한 병에 걸리는 것은 아니에요. 말라리아나 뇌염에 걸린 환자의 피를 빨아먹은 모기에게 물렸을 때 이 전염병에 걸리죠. 그러니까 예방 주사는 필수!

하지만 어떤 녀석이 그런 피를 빨아먹었는지 알 수 없는 일이니까 일단 모기란 녀석을 구석구석 찾아내서 가차없이 배를 눌러 줘요. 아님, 모기

의 배에 스카치 테이프를 붙여 주던가요. 왜 배냐구요? 모기는 숨구멍이 배에 있거든요. 그러니까 모기를 잡으면 모르는 척하면서 배를 안아 주세요. 그러면 3분 이내에 모기는 숨이 막혀 죽고 말 거예요.

하긴 뭐 그것도 쉽지는 않네요. 녀석이 워낙 작아서 말이에요. 가장 좋은 방법은 녀석들이 태어나지 않게 만드는 일이겠죠. 먼저 집 주위에 고인 물을 없애 주세요. 어미모기는 더러운 하수구나 고여 있는 썩은 물에 주로 알을 낳거든요. 그래서 집에 있는 꽃병의 물도 자주 갈아주지 않으면 모기들의 고향이 된다구요. 알도 얼마나 많이 낳는지 몰라요. 한 번에 200개가 넘는 알을 낳는데 너무 작아서 보이지도 않아요.

그래요. 사실 모기향이나 모기약을 뿌리는 것도 아주 위험한 일이거든요. 모기 잡으려다가 잘못하면 사람 잡는다구요. 요즘 나오는 모기약은 엄청 독하거든요. 그러니 미리 녀석들이 살 만한 곳을 깨끗이 해 두는 것이 가장 좋은 방법이에요. 침대 밑, 화장실 구석 등등.

3 참 깨끗한 곤충 파리?

이번에도 얼토당토 않은 말부터 조목조목 따져 봐야겠군요. 파리가 깨끗한 곤충이라니 말이에요.

응가한 곳에 모여들고 썩은 음식 같은 거나 좋아하는 녀석들이 깨끗하다니 도깨비도 하품하다가 턱 빠질 소리로군요.

사실이 그렇잖아요. 파리는 재래식 화장실이 고향이라구요. 시골의 화장실에 가 보면 허연 벌레가 용감하게도 응가와 응가 사이를 꼬물꼬물 기어다니는 게 보일 거예요. 녀석들을 구더기라고 하는데 바로 파리의 애벌레죠. 이것들이 나중에 그 유명한 '똥파리'가 되는 거예요. 독하긴 얼마나 독한데요.

응가는 물론이고 그토록 짜디 짠 간장독에서도 살아 남아요.

그러니 파리란 녀석들이 병을 옮기는 것은 당연한 일이겠죠? 그래요. 장티푸스와 콜레라, 그리고 이질, 소아마비의 병균을 옮기죠. 이 병들은 모두 잘못하면 사람이 죽을 수도 있는 전염병이에요. 심지어 녀석들은 비행기 속에 숨어 들어가 이 나라 저 나라로 여행까지 다니면서 병을 옮긴다는군요. 비행기표는 끊고서 다니는지 원…….

생긴 모습도 보통 폭탄이 아니에요.

> 파리의 입은 긴 관 모양입니다. 관 끝은 귓불 모양인데 이것으로 음식물을 빨아먹습니다. 이빨은 없고 혀는 끈적거리는 액체로 쌓여 있습니다. 눈은 수천 개의 렌즈가 모여 이루어진 겹눈과 홑눈 3개가 있습니다.

게다가 온몸에 촘촘히 나 있는 털 좀 보세요. 다리는 또 어떻구요. 더구나 털이 나 있는 다리에서는 끈적거리는 액체가 흘러 나온다구요. 그래서 어느 곳이든 내려앉기만 하면 척척 달라붙어요. 그러니 온갖 음식물이며 심지어 병균까지 달라붙는 거라구요.

파리를 가만히 살펴보고 있으면 항상 사람들에게 두 손을 모아 싹싹 빌죠? 사람들에게 전염병까지 옮기는 게 미안해서 그런다고 생각하는 사람도 있다는데 천만의 말씀! 바로 발에서 나오는 액체 때문에 달라붙은 음식 찌꺼기를 털어내기 위해서라구요. 사실 녀석들은 식사를 엄청나게 지

금파리

우리의 눈에 가장 많이 띄는 파리는 집파리와 쇠파리, 똥파리와 쉬파리, 금파리 등이다. 이 중에서 쉬파리는 알을 따로 낳지 않고 제 뱃속에서 아예 알을 깐 뒤에 새끼를 몸 밖으로 내보낸다. 쇠파리는 동물의 상처에 알을 낳으며 초파리는 몸 속에 알코올 분해 요소가 있어서 술도 마신다고 한다. 금파리는 특히 썩은 고기에 잘 모여드는데 나쁜 병균을 옮기는 '1등 공신' 이다.

저분하게 하는 게 보통이어서 한번 먹이를 먹고 나면 음식물이 온몸, 특히 더듬이나 겹눈에까지 묻는 답니다. 그런데 이것을 털지 않고 그냥 놓아 두면 곰팡이가 생기거든요.

 뿐만 아니라 다리가 깨끗해야만 다른 음식을 먹을 수 있어요. 그렇게 해야 맛과 냄새를 느낄 수 있으니까요. 파리는 발끝에 있는 두 발톱 사이의 발바닥으로 냄새와 맛을 느끼기 때문이죠. 그래서 파리는 항상 발을 깨끗이 털고 세수까지 말끔히 한다구요. 흥, 우리가 못 봐서 그렇지 로션까지 바르는지 누가 알겠어요?

 파리는 늘 청결, 또 청결!

 어때요, 생각보다 깨끗한 녀석이죠? 제 몸을 그렇게 깨끗하게 관리하는 곤충도 드물 거예요.

 그래도 녀석의 더러운 짓은 도무지 용서가 안 됩니다.

 파리는 냄새를 얼마나 잘 맡는지 몰라요. 멀리 있는 음식 냄새는 기가 막히게 맡고 달려들죠. 게다가 먼저 음식을 발견한 녀석은 다른 동료에게 재빨리 연락을 해요. 저희들만의 특수한 신호가 있다는데 그건 잘 모르겠구요, 핸드폰으로 전화를 거는지 연락을 받은 파리들은 순식간에 음식 주위로 모여들어요. 엄마파리, 아빠파리, 언니파리, 오빠파리, 이모와 고모, 삼촌파리까지 정말로 떼를 지어 몰려들죠.

 자, 여기까지는 괜찮아요. 그런데 이 녀석들은 자기가 먹은 것을 토해

낸다는 거예요. 사람들은 녀석들이 토해 놓은 음식을 먹기 때문에 전염병에 걸리는 거예요. 녀석들이 토해 놓은 음식에 온갖 병균들이 득실거리기 때문이죠.

그러니 파리를 아주 하찮게 여기는 것이라구요. 사람에게 도움은 안 되고 전염병이나 옮기니 말이에요. '파리 목숨'이라는 말도 있잖아요. 사람의 귀중한 생명을 하찮게 여길 때 그런 표현을 쓰죠. 장사가 안 되면 '파리 날린다'라고 하는 것도 파리를 우습게 보기 때문이에요.

4 파리의 비행 실력

> 파리는 오랫동안 정지 상태로 날 수가 있습니다. 뿐만 아니라 단번에 날던 방향을 바꿀 수도 있고, 몸의 균형을 잡는 능력도 뛰어납니다. 이것은 퇴화되어 곤봉 모양으로 변한 뒷날개를 적절하게 사용하기 때문입니다. 그래서 앞날개만으로도 날아다닐 수 있습니다.

또 좀 지저분한 이야기이긴 하지만, 파리도 북극에서는 '최고의 대접'을 받아요. 특히 북극의 어떤 에스키모들은 아주 귀한 손님이 왔을 때에 파리의 애벌레인 '구더기'를 특별한 음식으로 내놓는다는군요. 갑자기 엊그제 먹은 햄버거가 올라오려고 하죠? 하지만 이 동네는 워낙 추워서 파리 한 마리 보기 힘들기 때문에 그만큼 귀한 곤충으로 여긴대요. 우욱, 갑자기 속이 메스꺼워져요.

그런데 구더기를 좋아하는 사람들은 또 있어요. 바로 옛날 의사들이죠.

제1차 세계 대전 때의 일인데, 미국의 한 의사는 전쟁터에서 깊은 상처를 입은 한 병사의 살이 썩어 들어가자 그가 곧 죽을 거라고 생각했어요. 왜냐하면 병사의 상처 부위에는 벌써 구더기 수십 마리가 우글거리고 있었거든요.

그런데 이게 웬일일까요. 오히려 이 병사가 제대로 된 치료를 받은 병사들보다 훨씬 빨리 상처가 낫는 거예요. 믿기 어렵겠지만 사실이었어요. 그것은 당연한 일이었어요. 왜냐하면 구더기는 썩어 가는 죽은 살만을 먹거든요. 그러니까 구더기가 섞어 가는 나쁜 피부를 먹어치운 거예요.

실제로 뒷날 항생제가 발명되기 전까지 '구더기 수술법'은 많이 사용되었답니다. 이미 16세기 때부터 의사들이 치료법으로 썼다는군요. 그런데 중요한 것은 반드시 쉬파리의 구더기로 해야 된다는 거예요. 왜냐하면 검정파리와 같은 녀석의 구더기는 살아있는 살도 먹어 버리기 때문이죠. 잘 알아두세요. 혹시라도 서바이벌 게임을 하게 될지도 모르니까요.

곤충과의 진실 게임 · 하나 — 내가 바로 곤충이다

나는 이렇게 생겼다

물론 곤충은 그 종류마다 각각 다르게 생겼지만 공통점이 있습니다.

첫째는 몸이 〈머리-가슴-배〉의 세 부분으로 이루어져 있다는 것입니다. 곤충과 가장 흡사한 거미는 〈머리 가슴-배〉의 두 부분으로 되어 있습니다.

둘째는 머리에 2개의 촉각과 2개의 겹눈과 입이 있다는 것입니다. 물론 하루살

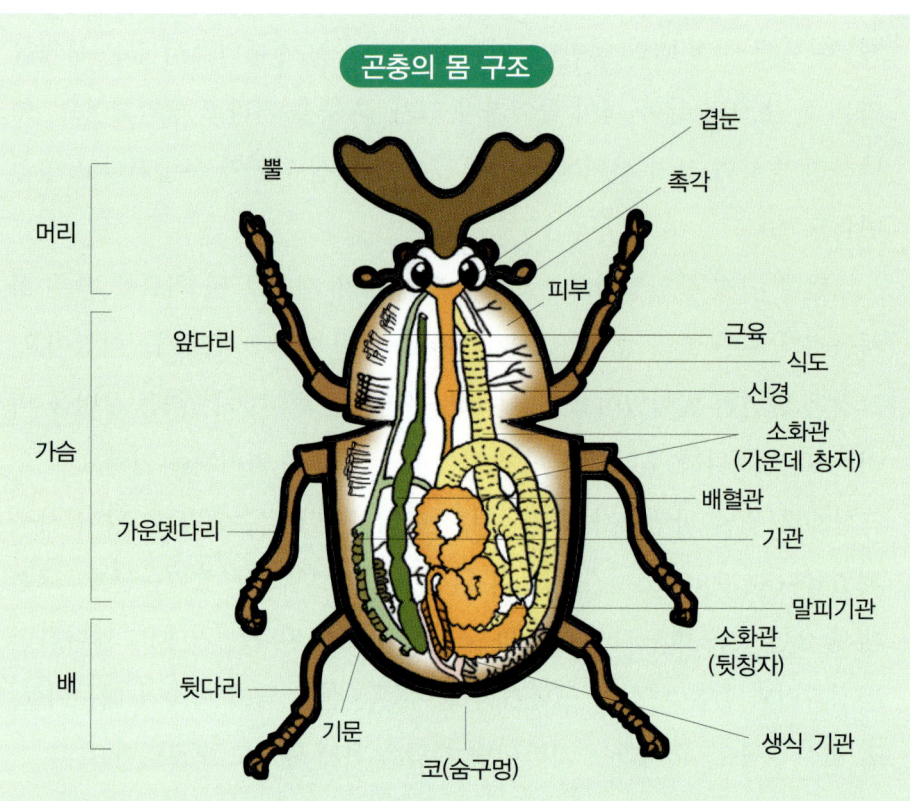

이처럼 입이 퇴화된 경우도 있습니다.

 셋째, 가슴에는 3쌍의 다리와 2쌍의 날개가 있는 것이 보통입니다. 경우에 따라서 날개가 퇴화되어 1쌍만 있거나 아예 없는 것도 있습니다.

 넷째, 배에는 마디가 있습니다. 또 그 마디마다 기문(숨구멍)이 있고 꽁지 쪽에 소화 기관과 생식 기관이 있습니다. 이런 공통점을 가지고 있으면 바로 곤충입니다. 뿐만 아니라, 곤충은 코가 없기 때문에 촉각으로 냄새를 맡습니다. 눈은 육각형의 아주 작은 눈(홑눈)이 수백 수천 개 모여서 이루어져 있는데, 이것을 겹눈이라고 합니다. 색깔은 구별하지 못하지만 자외선을 분별하는 곤충도 있습니다. 소리는 털 안에 있는 기관으로 듣는데, 아주 작은 공기의 진동도 잡아낼 수 있습니다. 숨은 배의 마디에 있는 기문으로 쉽니다. 사람은 맛을 혀로 느끼지만 곤충은 입가의 턱이나 입술에 나 있는 털, 어떤 곤충은 다리 끝에 맛을 느낄 수 있는 기관을 가진 것도 있습니다.

이 정도는 돼야 곤충이라고 할 수 있습니다.

곤충의 여러 가지 입 모양

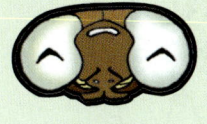 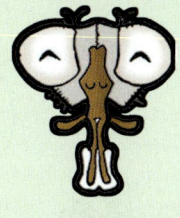  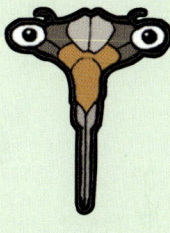

씹는 입(잠자리)　　핥는 입(파리)　　대롱같이 긴 입(나비)　　빠는 입(매미)

나는 허물을 벗는다

곤충은 '알-애벌레-번데기'의 과정을 거쳐 어른 벌레(성충)가 됩니다.

즉 알에서 깨어나면 애벌레의 모습으로 한동안 살아갑니다. 그리고 이 때에 애벌레는 여러 번 허물을 벗습니다. 한 번 허물을 벗은 애벌레를 '1령 애벌레', 두 번 허물을 벗은 애벌레를 '2령 애벌레', 세 번 허물을 벗은 애벌레를 '3령 애벌레'라고 합니다. 물론 곤충에 따라서 어떤 애벌레는 한두 번 허물을 벗지만 어떤 곤충은 대여섯 번씩 허물을 벗기도 합니다. 허물벗기를 '탈피'라고 부릅니다. 그런 뒤에 번데기의 모습이 됩니다.

하지만 모든 곤충의 애벌레가 번데기의 시기를 거치는 것은 아닙니다. 예를 들어 매미나 잠자리 메뚜기와 같은 곤충들은 번데기 시기를 거치지 않습니다. 대신 애벌레 시절에 조금씩 날개가 붙고, 탈피를 거듭하면서 어른 벌레의 모습이 됩니

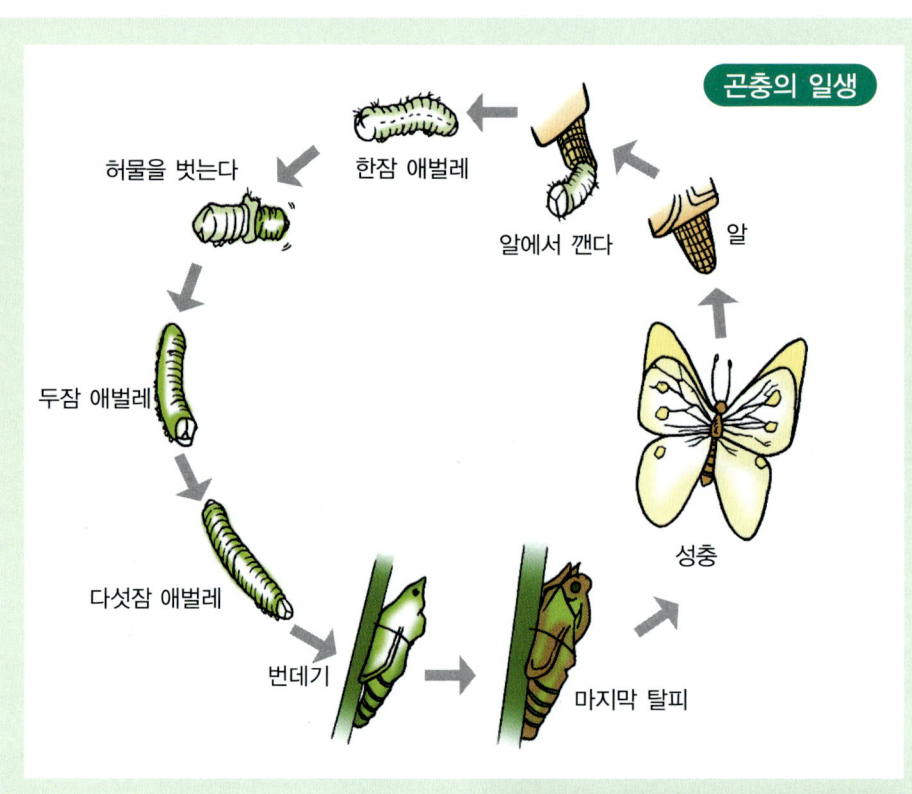

곤충의 애벌레

애벌레에게도 고유한 이름이 붙여지는 것이 있다. 예를 들어 나비의 애벌레는 고구마벌레라 부르고 진딧물의 애벌레는 땅벌레라 부르며 나방의 애벌레는 털벌레라 부른다. 파리의 애벌레는 구더기이다.

다. 이런 경우처럼 번데기의 시기를 거치지 않고 어른 벌레가 되는 경우를 불완전 변태라고 합니다. 하지만 나비처럼 애벌레 시기를 거쳐 번데기로 변한 후에야 어른 벌레가 되는 경우도 있습니다. 이런 경우를 완전 변태라 부르는데 번데기 안에서 몸의 구조가 완벽하게 갖추어집니다. 특히 완전 변태를 하는 곤충들은 애벌레였을 때와 번데기였을 때, 그리고 성충이었을 때의 모습이 완전히 다릅니다.

죽으면 발라당!

귀뚜라미도 그렇고, 매미도 그렇습니다. 무당벌레나 바퀴벌레도 마찬가지구요. 곤충은 죽으면 대부분 등을 땅에 대고 발을 하늘 쪽으로 하고 발라당 누워 있습니다.

왜 그럴까요? 곤충은 보통 3쌍의 다리로 몸을 지탱합니다. 즉 이 다리로 몸의 무게를 분산하고 있습니다. 하지만 죽게 되면 그 가는 다리가 몸무게를 이기지 못해서 쓰러지게 되는 것입니다. 그러니까 죽으면 발라당 자빠질 수밖에요. 나비는 좀 달라서 날개가 크기 때문에 죽으면 옆으로 쓰러진답니다.

3. 곤충 세계의 식인종, 사마귀

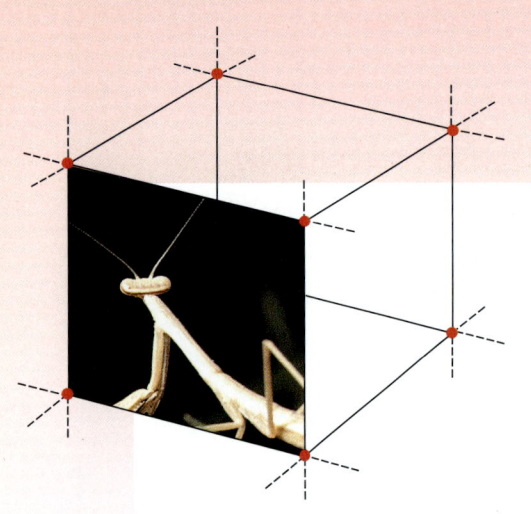

1 사마귀는 배신자

사마귀는 못된 배신자이다. 어른도 몰라보는 버릇없는 녀석이고, 의리라고는 눈꼽만큼도 없는 깡패 같은 녀석이다. 먹을 것만 보면 눈이 벌개서 달려드는 밥벌레 같은 녀석이다.

이렇게 막 욕해도 되냐구요? 물론 거짓말은 아니지만 혹시라도 꿈 속에 나타나 달려들기라도 하면……. 으으, 생각만 해도 끔찍해요. 낫처럼 생긴 앞발 좀 보세요. 게다가 이 앞발에는 날카로운 가시가 톱처럼 두 줄로 뻗어 있다구요. 게다가 삼각형의 뾰족 얼굴과 매서운 눈초리, 식인종처럼 뭐든 먹어치우는 주둥이를 떠올려 봐요. 소름이 쫙 돋지 않아요?

그래도 용기를 내서 할 말은 해야겠죠?

사마귀란 녀석은 이름에서부터 배신자의 냄새가 나요. 영어로 사마귀

> 사마귀의 얼굴은 삼각형을 거꾸로 엎어놓은 것처럼 생겼습니다.
> 큰 턱에 음식을 잘게 씹을 수 있는 튼튼한 이빨을 가지고 있습니다.
> 눈은 낮에는 초록색을 띠지만 밤에는 검게 변하는데,
> 이 때문에 밤에도 잘 봅니다. 특히 가느다란 목은 앞과 뒤,
> 좌우로 마음대로 움직일 수 있기 때문에 먹이를 쉽게 찾습니다.

를 'praying mantis'라고 하죠. 그런데 이 뜻이 '기도하는 벌레'라는 뜻이에요. 엥~ 기도라니요. 실제로 사마귀란 녀석을 가만히 보고 있으면 낫처럼 생긴 앞다리를 모아 번쩍 치켜들고 있는 모습이 마치 기도하는 모습과 비슷하거든요.

그렇지만 사마귀의 이 자세는 좋은 먹이가 나타나기를 기다리는 거예요. 그러고 있다가 먹이가 나타나면 단숨에 낚아채 버리는 거죠.

사마귀
우리 나라에는 사마귀, 좀사마귀, 왕사마귀, 황나사마귀 등 네 종류의 사마귀가 살고 있다. 사마귀는 자신의 몸을 나뭇잎 사이에 숨기고 먹이가 나타날 때까지 끈질기게 기다린다. 사마귀의 먹이가 되는 곤충은 대체로 나비와 매미, 베짱이, 메뚜기와 같은 것들이다.

'좋은 먹이야, 어서 나타나거라!'

속으로는 아마도 이랬을 것입니다. 그럼 그 기도 자세는 결국 '식사 기도'인 셈이네요.

일단 메뚜기와 같은 먹이가 나타나면 사마귀는 재빨리 달려듭니다. 그리고 유도 선수처럼 한 발로 허리 조르기! 이 때 나머지 한 발로는 머리를 누르죠. 물론 메뚜기는 도망을 치려고 바둥거리겠죠.

그러나 다리에 난 날카로운 톱니가 오히려 메뚜기의 몸 속으로 더욱 깊이 파고들어요. 사마귀는 먼저 긴 뒷다리를 뚝 떼어 버려요. 도망가지 못하게 하기 위해서예요. 그런 다음 가슴 혹은 머리부터 뜯어먹어요. 으~ 잔인한 녀석 같으니라고. 하지만 이 정도는 아무것도 아니죠.

청개구리를 잡아먹을 때는 내장만 꺼내서 먹어 버린다구요.

어엇, 그런데 사마귀가 자기보다 큰 개구리도 잡아먹네요. 아무리 위아래를 모르는 녀석이라지만 믿기 어렵죠? 하지만 사실이에요. 녀석은 자기보다 큰 상대를 만나도 절대로 기죽지 않고 덤벼들어요. 특히 자기보다 큰 적을 향해서는 날개를 벌리고 고개를 바싹 치켜드는데, 이 때 웬만한 상대는 이 모습에 기가 죽어 깨갱 하고 꼬리를 내린답니다. 그러다 보니 이녀석들 간덩이가 부었어요. 작은 청개구리뿐만이 아니라 도마뱀한테까지 덤벼들거든요.

그렇다면 사마귀에게 잡아 먹히지 않으려면 어찌해야 할까요? 작은 곤충들이 사마귀에게 걸려 살아남을 수 있는 유일한 방법은 죽은 체하는 거

예요. 그러면 사마귀가 그냥 지나치는 경우가 많아요. 그런데 이 때 중요한 건 사마귀에게 일단 한 번 눈에 뜨인 뒤에는 죽은 체를 해도 소용이 없다는 거예요. 즉 곤충들은 사마귀가 먼저 자신을 보기 전에 죽은 체를 해야 살아남을 수 있어요. 참으로 웃기는 사실은 사마귀란 녀석 자신도 자기보다 큰 적이 나타나면 죽은 체하면서 움직이지 않는다는군요.

2 사마귀가 깡패인 이유

사마귀란 녀석이 진짜 깡패 같은 이유는 저희들끼리도 잡아먹는다는 거예요. 어렸을 때는 수컷이 암컷을 잡아먹고, 짝짓기를 하고 나서는 암컷이 수컷을 잡아 먹어 버리죠. 더 기가막힌 일은 짝짓기를 하는 중간에도 암컷은 제 짝인 수컷을 뜯어먹는다는 거예요. 그것도 머리부터 말이죠. 왜냐구요? 암컷의 핑계야 뻔한 거 아니겠어요?

"난 알을 까야 하잖아. 또 알을 튼튼하게 잘 키우려면 내가 영양분을 많이 섭취해야 한다구!"

그래서 짝을 만나고 싶은 수컷은 죽을 각오를 단단히 해야 해요. 짝짓기를 할 때에도 움직이지 말아야 하구요. 왜냐하면 사마귀들은 움직이는 것은 모두 적으로, 아니 사실은 먹이로 생각하기 때문이에요. 그래서 요즘 수컷 사마귀들 사이에서는,

"예쁜 색시를 얻어 죽느니, 차라리 혼자라도 오래 살자!"
하는 말들이 떠돌고 있다는데 믿거나 말거나…….

사마귀들 세계에 아빠 없는 아이들이 많은 건 이런 이유 때문이에요.

아빠 있는 사마귀 손들어 보라고 하면 100마리 중에서 한둘도 채 안 될 거예요.

하지만 꼭 알까기 때문이 아니라도 사마귀란 녀석은 먹성이 돼지보다 좋아서 한 자리에서 무려 8마리의 메뚜기쯤은 거뜬히 해치워요. 뭐, 메뚜기의 가슴살이 연하고 맛있대나, 어쨌대나! 모르긴 해도 뱃속에 거지가 열쯤은 들어앉은 모양

인데, 곤충의 세계에서 이 사마귀란 녀석은 정말로 잔인한 살인자나 다름없다구요.

그렇지만 사마귀를 없애면 안 돼요. 바로 그런 이유 때문에 농부 아저씨들에게는 인기 짱이거든요.

아마 잔인한 사마귀를 모두 잡아 없애자고 하면 농부 아저씨들이 화를 많이 낼 거예요. 왜냐구요?

사마귀가 농사에 해로운 곤충들까지 잡아먹거든요. 그래서 옛날 중국의 어떤 나라에서는 논밭에 해충이 많아지니까 사마귀를 키워서 풀어 놓은 적도 있대요. 논밭의 터미네이터가 바로 사마귀인 셈이죠.

그러나 그런 사마귀에게도 무서운 적이 있어요. 무엇보다 사마귀의 큰 적 중의 하나는 사람이에요. 바로 손에 나는 '사마귀'라는 종기 때문인

데, 이것이 사마귀가 오줌을 싸서 생긴 것이라 믿었거든요. 그래서 사마귀를 잡아 종기를 물게 하면 사마귀가 없어진다고 생각했어요.

또 아이들은 사마귀를 여럿 잡아서 장난을 치기도 했죠. 서로 잡은 사마귀를 싸움시키는 거예요.

음……. 사실 그러면 안 되지만 싸움 구경만큼 재미있는 게 없거든요.

그런데 꼬마들의 장난은 여기서 그치지 않죠. 싸움시키기가 싫증나면 발로 꾹 밟아서…….

사마귀
사마귀는 주로 낮에 움직인다. 사마귀는 곤충을 많이 잡아먹기 때문에 사마귀가 있는 곳에는 다른 곤충도 많이 살고 있다고 생각해도 된다. 예전에 중국 영화에서는 먹이를 물어 채는 사마귀의 앞발을 모방해 '당랑권법'이라는 무술을 생각해 내기도 했다. 주로 7-10월에 수풀 사이에서 볼 수 있다.

아, 그런데 혹시 해 봤어요? 사마귀를 발로 꾹 밟아본 적이 있느냐고요. 혹시라도 해 보았다면 사마귀의 똥꼬에서 뭔가 나오는 거 봤어요?

에엣~. 거기서 응가밖에 더 나오겠냐고요? 천만의 말씀 만만의 콩떡! 사마귀의 열 마리 중에서 여덟 마리쯤은 눌러 죽였을 때, 철사가 나온다구요.

물론 진짜 철사는 아니구요. '선충'이라고 하는 벌레인데, 사마귀의 몸 속에서 자라는 기생충이에요. 마치 철사줄처럼 생겨서 '철사벌레'라고도 불러요. 굵기는 연필심만하고 길이는 15-20센티미터쯤 되구요. 사실 이 녀석이 사마귀의 몸 속에서 사마귀의 온갖 영양분을 모두 빼앗아 버리기 때문에 사마귀는 먹고 또 먹어도 자꾸만 배가 고파요. 그래서 사마귀가 그토록 먹는 것을 밝히는 거예요. 그러고 보니 좀 안됐다는 생각도 드는군요.

4. 농약 같은 곤충, 무당벌레

1 무당벌레는 간이 부었다?

곤충 중에서 가장 간이 큰 녀석은 누구일까요?

집에서 불쑥불쑥 나타나는 바퀴벌레? 아니면 자신보다 큰 녀석에게도 달려드는 사마귀?

물론 그 녀석들도 보통 간 큰 녀석들이 아니지만 아마 무당벌레만큼은 아닐 거예요. 우선 녀석의 알록달록한 몸 색깔을 보면, '정말 간덩이가 부은 녀석이군' 하는 생각이 절로 들어요. 왜 남의 옷 입는 것 가지고 시비를 거느냐구요?

생각 좀 해 보세요. 다른 곤충들은 적들로부터 자신을 보호하기 위해서 풀잎이나 나무의 색깔과 비슷한 색을 띠고 있거든요. 이런 걸 '보호색'이라고 해요. 예를 들어 메뚜기나 여치, 하물며 사마귀도 초록색을 띠고 있는 건 새와 같은 천적의 눈을 속여 자신을 지키기 위해서라구요. 풀잎에 살짝 붙어 있으면 모를 것 아니에요. 그런데 이 녀석 무당벌레는 뭘 믿고 알록달록하게 치장했냐구요. 그런 색깔을 하고 있으면 새나 다른 천적들의 눈에 얼마나 잘 띄는데요. 그러니 간이 부었다는 거예요.

그러나 오히려 이런 무당벌레의 알록달록한 색깔은 새나 다른 천적들에게는 그야말로 빨간 신호등이에요. 무슨 소리냐구요? 길을 건너려다가도 빨간 신호등이 켜지면 멈추어야 하잖아요. 마찬가지로 새들도 다른 곤충들을 잡아먹다가도 무당벌레의 빨간색만 보면 멈춘다구요. 신기한 일이죠?

여기에는 무당벌레만의 비밀이 있죠. 바로 노란 물이에요. 무당벌레는 누군가가 나타나 자신을 위협하면 일단 뒤로 발라당 넘어져요. 그리고 머리를 쏙 몸쪽으로 집어 넣고 다리를 움츠리죠. 죽은 척하는 거예요. 그러면 새가 무당벌레를 먹으려다가도 그냥 지나쳐 가 버리죠. 하지만 어떤 녀석들은 그래도 무당벌레를 먹으려고 해요. 그래도 무당벌레는 겁먹지 않아요. 오히려 속으로는 이렇게 외칠걸요.

무당벌레
오래 전의 우리 나라 사람들은 무당벌레가 바가지 엎어놓은 모양을 닮았다고 해서 됫박벌레라고도 불렀다. 또 북한에서는 점벌레라고 부르기도 한다. 칠성무당벌레는 빨간 바탕에 7개의 점 무늬가 있기 때문에 붙여진 이름이다. 우리 나라에도 많은 종류가 살고 있는데, 20도가 넘는 맑은 날 주로 이동하기 때문에 이 때 많이 볼 수 있다.

'너, 쓴 맛 한번 볼래?'

맞아요. 바로 이럴 때 무당벌레는 몸에서 노란 물을 확 뿜어 버리죠. 이 노란 물은 페로몬의 한 종류인데, 아주 퀴퀴한 냄새가 날 뿐만 아니라 맛은 보통 쓴 것이 아니에요. 그러면 새들이 무당벌레를 삼켰다가도 도로 뱉어 버린다구요. 그래서 그 다음부터 새들은 무당벌레의 알록달록한 색깔만 보면 입맛을 잃고 고개를 획 돌린대요.

아무튼 무당벌레란 녀석은 색깔로 한몫 보는 녀석이에요.

무당벌레란 이름도 그렇잖아요. 녀석이 무당처럼 굿을 하겠어요, 칼춤을 추겠어요? 녀석이 무당벌레란 이름을 갖게 된 건 겉모습이 무당이 입고 있는 옷처럼 아주 화려하기 때문이에요. 그렇게 옷을 요란하게 입어서 붙여진 이름이죠.

그러나 정작 알록달록한 색깔 때문에 예쁜이로 대접받는 것은 서양에서예요. 영어로 무당벌레는 'ladybug', 또는 'ladybird' 이거든요. 사전을 찾아보면 '숙녀벌레', '숙녀새' 란 뜻이에요. 이 말은 원래 오랜 옛날 성모 마리아에게 무당벌레를 바치면서 '성모 마리아의 딱정벌레' 라고 부른 데서 유래되었대요.

그래서였는지는 몰라도 무당벌레는 사랑의 벌레로 대접받기도 했다는군요.

옛날 유럽의 어느 나라에서는 이런 일이 있었대요. 행복하게 살던 한 나라의 왕자가 사냥을 나갔다가 누군가의 칼에 찔려서 억울하게 죽었어요. 왕은 사랑하는 왕자의 죽음을 슬퍼하며 온 나라를 샅샅이 뒤져서 범인을 찾아내라고 일렀죠.

왕의 병사들은 곳곳을 뒤적거려 한 청년을 범인이라며 데려 왔어요. 청년은 자신이 범인이 아니라고 주장했지만, 왕을 모시던 한 신하가 악착같이 청년이 범인이라고 우겼어요. 왕도 신하의 말만 믿고 청년을 당장 사형에 처하라고 명령했죠.

이윽고 청년은 사형장으로 나가 무릎을 꿇었어요. 그런데 바로 그 때,

무당벌레 한 마리가 청년의 무릎 앞에 앉아 있었어요.

"이 녀석아, 얼른 날아가! 여기에 있다가는 너까지 죽는다구."

청년은 무당벌레가 다칠까 봐 얼른 날려 보냈어요. 무당벌레는 얼른 날아올라 이리저리 돌아다녔어요. 그리고 청년을 범인이라고 우기던 신하 옆으로 날아갔죠. 바로 이 때, 신하는 꽥 소리를 쳤어요.

"아니, 이런 재수 없는 날파리 같은 녀석!"

그리고 신하는 단숨에 무당벌레를 손바닥으로 쳐서 죽여 버렸죠.

바로 그 때, 왕의 눈이 반짝 빛났어요. 이상한 생각이 들었거든요. 신하의 난폭한 행동에 의심이 가기 시작한 거죠. 왕은 청년을 풀어 주고 다시 왕자를 죽인 범인을 찾으라고 일렀어요.

그리고 얼마 후, 왕의 병사들은 무당벌레를 죽인 신하를 범인으로 잡아

왔어요. 그 신하가 바로 진짜 범인이었어요. 왕자를 죽이고 반란을 일으키려 한 거죠.

뒷날 사람들은 하느님이 무당벌레의 모습으로 나타나 죄 없는 청년을 구해 준 것이라고 믿었죠.

이 때부터 무당벌레는 '성스러운 곤충' 또는 '하느님의 심부름꾼' 으로 불렸어요. 한 마리의 벌레치고는 극진한 대접을 받은 거죠.

그러나 무당벌레가 이렇게 귀한 대접을 받은 것은 색깔이 예뻐서가 아니에요. 농부들에게 무당벌레는 '최고의 청소부' 이자 '살아있는 농약' 이거든요. 그 조그만 녀석이 무얼 하는데 그런 칭찬을 받는지 궁금하죠?

무당벌레는 진딧물을 먹는 선수거든요. 진딧물은 한 해의 농사를 망치는 주범인데 무당벌레 한 마리가 무려 4천 마리의 진딧물을 먹어 치운답

니다. 그러니 아주 고마운 벌레죠. 변변한 농약이 없던 옛날에는 이보다 고마운 벌레는 없었을 거예요. 그러니 결코 칭찬이 아깝지 않았던 것이지요.

이런 사람들의 마음을 아는지 무당벌레가 봄이 되면 가장 먼저 하는 일이 진딧물을 잡아먹는 거예요. 그리고 늘 진딧물이 많은 곳에 알을 낳죠.

무당벌레
가끔 무당벌레살이고치벌이나 무당벌레기생파리 등이 나타나 무당벌레의 애벌레 몸에 들어가 알을 낳고 양분을 빼앗아 먹기도 한다. 28점박이 무당벌레는 진딧물 외에도 식물의 잎을 갉아먹기도 한다.

그래서 얼마 전 프랑스에서는 날지 못하는 무당벌레를 만들어 해충을 잡아먹게 하기도 했어요. 그러면 사람의 몸에 해로운 농약을 치지 않고도 벌레 먹지 않은 농작물을 얻을 수가 있으니까요. 뿐만 아니라 어떤 나라에서는 무당벌레를 홍역이나 이가 아플 때 갈아서 먹었다고 해요. 덩치에 비해 참으로 쓸모가 많은 벌레라고 할 수 있죠.

> 무당벌레는 나뭇가지나 줄기 등에 알을 낳습니다. 약 30-40개의 알을 낳는데 알을 낳는 장소 역시 진딧물이 많은 곳입니다. 알은 3-4일 만에 깨어나고 알에서 깨어난 애벌레 역시 진딧물, 또는 아직 깨어나지 않은 알을 먹기도 합니다. 애벌레는 허물을 여러 번 벗으며 자랍니다. 20일 후에 번데기로 변하고 어른 벌레가 됩니다.

이런 곤충 저런 곤충 - 소금쟁이는 어떻게 물 위를 걸을 수 있을까?

소금쟁이의 영어이름은 'water-strider' 입니다. 'water' 는 물, 'strider' 는 '걸어다니는 자' 또는 '활보하는 자' 의 뜻이니까 소금쟁이 영어 이름의 뜻은 '물 위를 활보하는 자' 쯤으로 해석되겠네요. 정말로 딱 들어맞는 이름이죠.

그런데 문제는 이녀석들이 어떻게 물 위에 떠 있고, 또 어떻게 물 위를 걸어 다니는가 하는 것이에요. 가볍기 때문이라구요? 천만에! 가볍다고 모두 물에 뜰 수 있는 건 아니에요. 비밀은 녀석들의 몸에 있어요. 녀석들의 몸은 온통 방수가 되는 털로 덮여 있거든요. 기름기가 살짝 발라져 있대요. 더구나 털과 털 사이에 공기가 들어차 있어서 물 위에 뜨기에는 그만이죠.

더구나 이 녀석들의 자세를 보세요. 다리를 사방으로 넓게 벌리고 서 있죠? 몸의 무게를 가능한 한 사방으로 분산시키기 위한 거예요. 바로 이런 이유 때문에 물

위에 떠 있을 수 있는 거예요.

  그러나 아무리 소금쟁이라도 습기가 많은 날에는 맥을 못 추는 경우가 많아요. 왜냐하면 방수 털도 습기를 못 견뎌 금방 젖어들고 말거든요.

소금쟁이

소금쟁이는 곤충의 수액을 빨아먹고 산다. 몸과 다리는 흑색, 크기는 1-1.6센티미터 정도이다. 애소금쟁이, 광대소금쟁이 등을 자주 볼 수 있는데, 특히 바다소금쟁이는 바다에 사는 유일한 곤충이라고 한다. 우리 나라와 일본, 중국 등에 주로 산다.

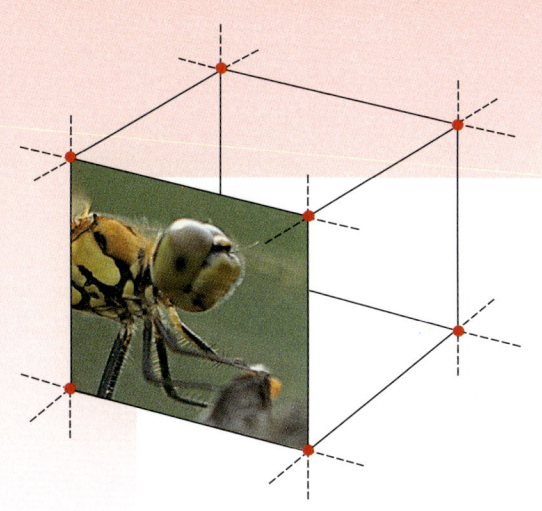

5. 나는 용이다, 잠자리

1 곤충 세계의 용

믿을는지 모르지만 잠자리는 곤충 세계에서 '용'으로 불립니다.

일단 이름부터 'dragonfly'이죠. 'dragon'이 '용'이라는 뜻이고 'fly'가 '파리'니까 'dragonfly'는 '용파리'란 뜻이 되는 거예요. 크기도 만만치 않아요. 지금이야 좀 작아졌지만 옛날에는 날개를 펴면 64센티미터나 되었어요. 빠르기도 용이라는 이름에 걸맞게 초속 10미터, 즉 1초에 10미터씩이나 날아갈 수 있다는 거예요. 어떤 녀석은 1시간에 100킬로미터도 문제없이 날아간다구요. 그래서 지구상의 곤충 중에서는 잠자리가 가장 빠르답니다.

사람들도 잠자리를 용처럼 대접했죠. 특히 일본에서 잠자리는 '논의 신'으로 대접받았어요.

"비나이다, 비나이다. 잠자리님, 잠자리님! 올해도 농사 잘 되게 해 주십시오."

아마 이랬을 것입니다. 특별히 그럴 이유가 있냐구요?

물론이죠. 잠자리는 해충을 잡아먹는 유익한 곤충이기 때문이에요. 그래서 일본에서는 잠자리를 잡으면 나쁜 일이 생긴다고 믿었어요.

우리 나라에서도 만만치 않았어요.

잠자리를 잡으면 학질에 걸린다!

사실이냐구요? 뭐, 꼭 그렇다는 건 아니지만 그럴 확률이 아주 높아지죠. 왜냐하면 학질은 모기로부터 전염되는 것인데, 모기를 잡아먹는 잠자리를 없애 버리면 모기가 많아질 거 아니에요.

그러면 당연히 모기에 물릴 확률이 높아질 것이고, 학질에 걸릴 가능성도 커지겠죠.

잠자리를 잡으면 벼락 맞는다!

그래요. 잠자리를 잡으면 해충이 많아지니까 농사를 망치게 되잖아요. 옛날에는 농사가 사람의 가장 중요한 일이었는데 농사를 망쳐서 흉년이라도 들게 되면 벼락 맞는 일이나 다를 바 없다고 생각한 거예요.

사실 잠자리가 이런 대접을 받은 건 어쩌면 당연한 일인지도 몰라요. 잠자리는 1시간에 무려 800마리나 되는 모기를 잡아먹을 수 있다니까 말이에요. 그러니 웬만한 해충은 얼굴도 못 내밀 거예요.

하긴 이만한 해충 사냥꾼도 없죠. 생김새나 몸의 구조부터가 그래요.

잠자리를 뛰어난 사냥꾼으로 만든 것은 우선 눈이에요. 잠자리는 시력이 무척 좋아서 6미터 앞에 있는 것도 정확히 볼 수 있고, 특히 움직이는 곤충 같은 것은 20미터 밖에서도 확인할 수 있다는군요. 잠자리의 눈이 왜 이렇게 좋냐구요?

잠자리의 시력이 좋은 것은 잠자리의 특별한 눈 때문입니다. 잠자리의 눈은 모두 다섯 개인데 그 중 앞쪽에 둥글게 부풀어 있는 것이 겹눈(2개), 그리고 그 위쪽으로 홑눈(3개)이 있습니다. 특히 겹눈은 1-3만 개나 되는 낱눈으로 되어 있고 육각형 모양으로 되어 있습니다. 이 낱눈들이 각각의 역할을 하기 때문에 움직이는 물체에 아주 민감하고 사물을 정확히 볼 수 있게 하는 것입니다. 또한 저녁 무렵에도 모기를 잘 잡을 수 있는데 그 이유 역시 이 특별한 눈 때문입니다.

잠자리의 눈
잠자리의 눈은 하나하나가 개별적으로 외부의 물체를 볼 수 있다. 그 때문에 잠자리는 멀리서도 모기와 같은 작은 곤충의 움직임도 정확하게 짚어 낼 수 있다.

2 사냥 대장, 잠자리

 잠자리를 사냥 대장으로 만든 첫 번째 능력은 녀석들의 비행 실력입니다. 아까도 말했지만 잠자리는 불과 1초에 10미터를 날아갈 수 있어요. 게다가 잠자리는 4개의 날개를 각각 따로따로 움직이기 때문에 자유 자재로 몸을 돌릴 수 있고 정지 비행도 할 수 있죠. 뿐만 아니라 어떤 자세로 날더라도 잠자리는 위아래를 정확히 구별할 수 있어요. 왜냐하면 머리를 항상 수평으로 유지할 수 있기 때문이죠.

그 다음은 다리!

잠자리의 다리에는 가시가 길게 나 있어요. 그래서 잠자리의 다리에 걸린 곤충들은 마치 그물에 묶인 것 같아서 아무리 발버둥쳐도 도망갈 수가 없는 거예요. 더구나 이 3쌍의 다리들은 꼬리 쪽이 아니라 눈 쪽에 가깝게 붙어있기 때문에 정확히 먹이를 잡는데 아주 유리하죠.

그런데 이렇게 빠르고 날쌘 잠자리와는 달리 잠자리의 새끼들은 느리고 굼뜬답니다.

알에서 깨어난 잠자리의 애벌레를 보통 '학배기'라고 부르는데 바로 이 녀석들이 그래요. 녀석들은 잠자리와 생긴 모양도 틀리고 어른 벌레가 되기 전까지는 물 속에서 살죠.

학배기
잠자리는 수면에 꼬리를 살짝살짝 스치면서 알을 낳는다. 절대 한꺼번에 한 곳에 알을 낳지 않으며 몇 개씩 이곳 저곳에 옮겨가면서 낳는다. 왜냐하면 애벌레가 된 뒤에 먹이를 가지고 싸우지 않도록 하기 위해서이다. 잠자리의 애벌레 학배기는 물 속에서 물버룩이나 실지렁이와 같은 곤충을 잡아먹고 산다.

이 녀석들은 물을 흠뻑 들이마신 뒤에 이것을 엉덩이로 뿡~ 내뿜는데, 이 때 생긴 힘으로 헤엄을 친답니다. 어미잠자리의 날쌔고 멋진 비행 솜씨와는 달리 좀 지저분하죠? 이러다가 물 속에 사는 물고기들 가스에 중독 되면 어쩌죠?

더구나 잠자리가 사람에게 이로운 곤충인데 비해 학배기란 녀석들은 해충이에요. 양어장 같은 데서 물고기까지 잡아먹거든요. 이렇게 어릴 때와 어른일 때의 모습이 다르다니 믿기 어렵죠?

그러나 잠자리는 죽어서도 인간에게 최선을 다해요. 뭐, 잠자리가 스스로 그런 것은 아니지만 잠자리를 약으로도 쓴다는군요. 특히 고추잠자리는 인후병이나 종기의 치료약으로도 효과가 컸대요.

뿐만 아니라 잠자리가 날아다니는 모습을 보면서 날씨를 예측하기도 했어요. 저녁 무렵에 잠자리가 날아다니면 다음 날은 날씨가 좋다고 믿었고, 잠자리가 방에 들어오면 바람이 분다고 생각했죠.

고추잠자리
잠자리는 어릴 때의 색깔과 어른이 되어서의 색깔이 다른 경우가 많다. 특히 고추잠자리는 어릴 때는 아주 빨갛지 않다가 어른 잠자리가 된 후에는 새빨갛게 변한다. 이것을 혼인색이라고 하는데, 즉 이렇게 색이 변한 것은 이제 어른이 되어서 혼인을 해도 좋다는 뜻인 셈이다.

마지막으로 잠자리를 잘 잡을 수 있는 비결 한 가지를 알려 드리죠. 잠자리를 잡으려면 손가락을 녀석의 눈 앞에 대고 동그라미를 그리며 빙글빙글 돌리는 거예요. 계속해서 돌면 어지러워지겠죠? 머리가 핑 돌 거예요. 사실이냐구요? 물론이죠. 잠자리는 회전하는 물체에는 감각이 아주 둔하기 때문에 얼른 날아갈 엄두를 내지 못하거든요.

곤충과의 진실 게임 · 둘 – 곤충의 살아 남기 위한 전략

곤충의 수는 약 80만 종으로 그 사는 장소도 적도에서 남북극까지, 또는 해안에서 산 정상까지, 습지에서 사막에 이를 정도로 폭넓습니다. 이러한 곤충은 약 3억 5천만 년 전에 나타났다고 합니다. 신비스러운 생명력과 적응력을 가지는 것은 여러 이유가 있습니다.

첫째로는 몸의 크기가 작아 먹이가 적어도 되고 적으로부터 몸을 감추기 쉽기 때문이죠. 게다가 추운 겨울이나 태풍이 오면 흙 속이나 나무 속, 혹은 큰 나무의 바람이 없는 곳에 숨고 큰 비가 올 때면 나뭇잎 밑에 숨기 유리합니다.

둘째로는 몸에 딱딱한 껍데기가 있어서 충격에도 안전하게 몸을 보호할 수 있습니다. 더구나 광택이 나는 껍데기는 햇빛을 반사하여 몸의 온도를 조절합니다. 모든 곤충은 외부의 기온 변화에 아주 민감한 변온 동물이거든요. 북쪽으로 갈수록 곤충의 몸이 작아지는 것도 체온과 관련이 있어요.

셋째로는 날개가 있어서 먹이를 얻고 도망치기가 쉽다는 거예요. 특히 겹날개를 가진 곤충들의 비행 솜씨는 새 못지않아요. 잠자리처럼 아주 빨리 날아다니는 것들도 많구요.

넷째로는 1년에 알을 낳는 횟수와 알의 수가 많으며 또한 한 번에 엄청난 알을 낳는다는 것이에요. 적게는 수십 개에서 많게는 수십 만 개의 알을 낳거든요. 멸종되지 않기 위해서는 그 정도는 해야 된답니다. 아무리 살충제를 써도 살아남는 바퀴벌레 보셨죠?

다섯째는 변태를 해서 환경에 맞춰 가장 알맞은 모습으로 살아 갈 수 있다는 것이에요. 그 때 그 때의 환경에 아주 잘 적응하는 것이죠.

이 외에도 적을 쫓을 수 있는 냄새나는 물질(페로몬)을 분비할 수 있고, 죽은 체하여 적의 시선을 피하는 방법도 곤충들이 살아남기 위해 애쓰는 몸짓이에요. 뿐만 아니라 여치나 메뚜기처럼 몸의 색깔이 주위의 풀잎 색깔과 비슷해서 몸을 감추는 데도 아주 유리해요. 이런 것을 보호색이라고 하죠.

6. 똥이 좋아 똥에서 사노라네, 소똥구리와 뿔풍뎅이

1 쇠똥이 좋아 - 쇠똥구리

"우리 동네에는 한여름에도 파리가 없다?"

아앗! 이 동네로 이사갑시다. 여름이면 나타나 사람을 귀찮게 하고 무서운 전염병까지 옮기는 파리가 없는 동네는 과연 어디일까요?

음……. 솔직히 가깝지는 않아요. 아프리카의 초원 지대랍니다. 이 동네에는 파리가 아주 보기 힘들다네요. 파리의 어린 새끼(유충)인 구더기조차도 보기 힘드니까요.

그렇다면 그 이유가 무얼까요?

매일 소독을 하는 걸까요? 그것이 아니라면 추위 때문일 리는 없구. 아프리카라니까 말이에요.

오히려 일 년 내내 더운 나라이니 파리가 더 많으면 많았지 없지는 않을 텐데……. 그런데 뜻밖에도 그 이유가 쇠똥구리 때문이랍니다. 좀 엉뚱한 이야기 같죠?

하지만 사실이에요. 쇠똥구리가 이 동네에 사는 초식 동물(풀을 먹고사는 동물)의 똥을 재빨리 제 집으로 가져가기 때문이래요. 그래도 고개를 갸웃거리는군요. 자, 생각해 보세요. 파리의 출생지가 어디지요? 지저분한 시궁창 같은 곳이거나 또는 동물의 '응가'잖아요. 그런데 동물들이 응가를 하자마자 쇠똥구리가 가져가 버리니 구더기가 생길 틈이 어디에 있겠어요. 어림도 없는 소리죠.

그래서 호주에서는 쇠똥구리를 일부러 사들이기도 한대요. 왜냐하면 이 나라에서는 하루에 2억 개가 넘는 '똥덩어리'가 생기는데, 이것들 때문에 파리가 극성이라거든요. 그래서 쇠똥구리에게 응가를 청소하라는 거죠. 실제로 이 나라에서는 무려 40종류가 넘는 쇠똥구리를 사와서 전국에 풀어 놓았더니 파리가 예전보다 엄청나게 줄어들었다는군요. 똥이 없으면 구더기가 생길 곳이 그만큼 줄어드는 것이니까요.

그래요. 쇠똥구리라는 녀석은 동물(특히 초식 동물)의 응가가 떨어지자마자 냄새를 맡고 재빨리 달려가요. 모르긴 해도 철푸덕 똥 떨어지는 소리만 나도,

"아싸, 저건 내 거야!"

라고 했을 것입니다.

진짜 재미있는 일은 이 때부터죠.

똥을 향해 달려간 쇠똥구리는 이것을 동그랗게, 마치 공처럼 만드는 거예요. 이 때, 특히 수컷은 똥에 섞여 있는 다른 물질들을 떼어 내고 오로지 똥만으로 공을 만들어요. 그런 뒤에는 굴리기 시작합니다. 운동회날

공굴리기 하듯이 말이에요. 수컷이 물구나무를 선 자세로 뒤에서 밀고 암컷은 앞쪽에서 방향을 잡습니다. 녀석들의 협동심은 거의 완벽하죠.

그런데 이 녀석들은 참으로 힘도 세어서 제 몸무게의 몇 십 배가 넘는 크기의 공도 굴릴 수 있다는 겁니다. 참으로 대단한 힘이죠?

아마 그래서 그랬나 봐요. 아주 오랜 옛날에 이집트 사람들은 태양을 쇠똥구리가 굴리는 것이라 믿었대요. 쇠똥구리에게 아주 특별한 능력이 있다고 생각한 거죠. 심지어 죽은 사람의 목에 쇠똥구리 장식의 목걸이를 걸어 주기도 했는데, 그렇게 하면 나쁜 귀신이 붙지 않는다고 생각했대요.

이야기가 엉뚱한 곳으로 빗나갔군요.

그렇다면 녀석들은 이 '응가로 만든 공'을 어디에 쓰려는 것일까요? 축구를 할까요? 쇠똥구리 월드컵 같은 것 말이에요.

뿔쇠똥구리
쇠똥구리는 풍뎅이의 한 종류이다. 뿔쇠똥구리는 수컷만이 머리 앞쪽에 뿔이 달려 있어서 암컷과 수컷을 쉽게 구분할 수 있다. 쇠똥구리는 보통 7-8개의 공을 만드는데 이것들의 크기는 거의 일정하다.

쇠똥구리는 예쁘게 잘 빚어진 똥덩어리를 한 10센티미터쯤 되는 구덩이에 밀어 넣고 그 공 위에 알을 하나 낳아요. 그래요, 이 축구공 모양의 똥덩어리 속에서 알이 애벌레가 되어 나오면 이것이 이 녀석의 집이 되는 동시에 먹이가 되죠. 쇠똥구리의 애벌레는 축구공, 아니 똥덩어리를 안쪽부터 파먹으며 힘차게 자라납니다. 음, 그래도 그렇지 냄새는 나지 않을까요? 하긴 태어나면서도 똥냄새를 맡았고, 똥집에서 살고 똥을 먹으며 살아왔으니 세상이 온통 똥으로 뒤덮였다고 생각하고 있을지도 모르죠.

아무튼 이 특이한 버릇을 가지고 있는 쇠똥구리는 지금은 보기가 아주 힘들어요. 왜냐하면 초식 동물을 보기 힘들어졌기 때문이죠. 요즘에는 소나 말과 같은 초식 동물을 우리에 넣어서 키우잖아요. 그러니 쇠똥에 목숨을 거는 쇠똥구리가 없어진 것은 당연한 일이겠죠?

문제는 쇠똥구리만이 아니에요.

누군가 철푸덕 소리를 냈을 때, 달려드는 녀석은 또 있어요. 뿔풍뎅이죠. 특히 좋아하는 응가의 종류는 역시 쇠똥! 그렇지만 녀석들은 좀 까다로워요. 쇠똥이 아니면 가급적 피하고, 뿐만 아니라 응가한 지 하루가 지난 똥에는 관심도 없죠. 아주 싱싱한(?) 똥만 좋아해요.

녀석은 일단 똥무더기를 발견하면 그 속을 파고 들어가요. 특히 수컷의 머리 가장자리는 평평한 삽처럼 되어 있어서 똥을 파헤치기가 아주 수월

하죠. 그런 다음 쇠똥구리처럼 똥을 빚어 공을 만들고 땅을 판 다음 공을 구덩이 속에 넣어요. 2개나 3개쯤. 그리고 나서 하는 일은 역시 알까기!

응가들 틈 속에서 녀석들의 애벌레가 자랍니다. 쇠똥구리랑 크게 다를 게 없죠?

곤충과의 진실 게임 · 셋 – 장수풍뎅이를 길러 보자

장수풍뎅이를 잡아 봅시다

한겨울엔 안 되구요. 주로 여름에 상수리나무나 졸참나무, 혹은 밤나무를 뒤져 보아야 합니다. 채집망을 이용하거나 혹시 채집망이 없을 때에는 나무를 흔들어 주세요. 그래도 안 떨어진다구요?

그럴 수도 있어요. 장수풍뎅이는 아주 힘이 세거든요. 정말 힘 좋게 생긴 톱사슴벌레와도 싸워 이기니까요. 특히 머리 한가운데 달린 이 커다란 뿔에는 사슴벌레의 집게도 못 당해요.

아, 잠깐. 상식 한 가지! 장수풍뎅이 수컷은 싸움을 좋아하지만 절대로 암컷과는 싸우지 않아요. 참 신사적이죠?

아무튼 녀석들이 흔들어도 떨어지지 않는다면 낚시를 하는 수밖에요. 아, 낚싯대를 준비하지는 말구요. 저녁 무렵에 나뭇가지에 사과즙이나 딸기를 으깨서 발라 놓아 보세요. 분명히 모여들 거예요. 장수풍뎅이는 나무즙을 아주 좋아하기 때문에 그것을 나무즙으로 착각하고 모여들 거예요. 그러면 다음 날 아침 가서 그냥 주워 오기만 하면 된답니다. 참, 채집망으로 잡을 때 장수풍뎅이의 발이 걸려 떨어지는 일이 없도록 주의하세요!

장수풍뎅이

장수풍뎅이의 몸은 타원형이며 흑갈색으로 광택이 난다. 날개는 단단한 껍데기에 쌓여 있다. 이 속에 얇은 막과 같은 뒷날개가 접혀져 있으며 날아갈 때는 모두 펴고 날아간다. 더듬이는 8-11마디로 되어 있으며 눈은 작은 눈이 2만 개나 모인 겹눈이다. 눈 위에는 마치 특수 안경을 쓴 것처럼 되어 있어 땅을 팔 때도 흙이 눈에 들어가지 않는다.

제대로 길러 봅시다

우선 쓰지 않는 큰 어항이나 유리 상자를 준비합니다. 어항이라고 물 담으면 안 되는 거 알죠? 물 대신에 흙이랑 부엽토를 넣어 주세요. 이 때 마른 흙은 안 됩니다. 반드시 습기가 적당히 있도록 적셔 주어야 해요. 그러니까 햇볕을 피하는 게 좋겠죠?

그리고 녀석보다 굵은 나무막대기를 가로질러 넣어 주어야 해요. 여기서 쉬고 운동을 해야 하니까요.

먹이는 사과나 수박, 참외 같은 과일이 좋겠죠. 덩어리째 주려면 녀석보다 큰 크기로 잘라 주세요. 여기서 잠깐! 이 때 사슴벌레가 잘 먹지 않을 수 있어요. 그러면 녀석을 잠시 집어들어서 사과에 올려 놓아 주세요. 그러면 녀석의 입에는 '입수염'이란 게 있어서 맛을 조사하거든요. 맛을 조사한 뒤에는 틀림없이 먹을 거예요.

아니면 즙을 만들어서 가로지른 막대기에 발라 주어도 좋아요. 꿀도 좋아해요. 꿀을 줄 때는 그냥 통째로 주지 말고 물에 섞어 묽게(2-3배쯤) 한 다음 솜에 적셔서 주세요.

그러나 무슨 먹이든지 매일 똑같은 것을 주지 말고 2-3일에 한 번씩 바꿔 주세요. 편식은 금물!

7. 곤충 최고의 인기 가수, 매미와 귀뚜라미

1 노래 연습만 7년 - 매미

　매미를 위해 반드시 밝혀야 할 진실이 있어요. 억울하게도 매미는 누명을 쓰고 있거든요. 무슨 누명이냐고요? 바로 매미는 게으르다는 누명이죠. 외국의 전래 동화 한 토막에서 그런 오해가 시작되었어요.

　무슨 이야기냐구요?

　옛날 개미와 매미가 살았어요. 개미는 부지런해서 항상 열심히 일했죠. 다가올 겨울을 위해서 한여름에도 먹이를 모아 창고에 차곡차곡 쌓았어요. 그런데 매미는 일을 하지 않고 매일 노래만 부르며 놀기 바빴어요. 오히려 개미가 일하는 것을 보고 비웃었지요.

　"이봐, 개미 군, 더운 여름날에는 좀 쉬면서 일하라구. 나랑 컴퓨터 게임한 판 할까?"

　아마 이랬을 것입니다. 그러나 개미는 듣지 않고 열심히 일했죠.

이윽고 겨울이 되었어요. 눈보라가 몰아쳤지만 개미는 걱정이 없었죠. 여름 내내 열심히 일했기 때문에 겨울을 지낼 만한 먹이가 충분했거든요. 그렇지만 매미는 추운 겨울이 다가오자 당장 먹을 것이 없어 쫄쫄 굶어야 했어요. 하는 수 없이 매미는 개미의 집을 찾아갔죠. 거지꼴을 하고서 말이에요.

"이보게, 개미 군. 먹을 것이 없어 그러는데 좀 나누어 주겠나?"

착한 개미는 매미에게 먹을 것을 나누어 주고 함께 따뜻한 겨울을 보냈다고 합니다.

그러나 다섯 살짜리 어린아이도 알고 있는 이 유명한 이야기는 모두 뻥이에요, 뻥!

그렇다면 이 이야기는 어느 곳이, 그리고 몇 군데나 잘못된 것일까요?

첫째, 매미가 게으르다는 것이 잘못되었습니다.

매미는 게으르지 않아요. 나무의 껍데기를 뾰족한 주둥이로 쪼아 구멍을 내고 그 속의 수액을 먹는 매미는 항상 부지런하죠.

둘째, 매미가 겨울에 먹을 것을 구걸하러 간다는 것이 거짓말이에요.

매미는 겨울까지 살지 못하고 여름에만 살다가 곧 죽거든요.

아마 겨울까지 살아있는 매미가 있다면 그 매미는 로봇 매미가 아닐까요?

매미
참매미는 7년째에 어른 벌레가 되어 땅 위로 나오고 털매미는 4년 만에 나온다. 미국에 사는 17년매미는 17년 만에 땅 위로 나와 어른 벌레가 된다고 한다. 그러나 땅 위에서 사는 기간은 채 한 달을 넘지 못한다.

셋째, 구걸하러 다니는 쪽은 매미가 아니라 개미라는 사실!

개미는 여름에 더위에 지치면 매미가 뚫어 놓은 나무 구멍을 찾아가 앞다투어 수액을 빨아먹으려 해요.

오히려 매미를 귀찮게 해서 쫓아 버리죠. 매미의 다리를 잡고 늘어지거나 날개 끝을 물기도 하고, 심지어 어떤 녀석은 등에 올라가 더듬이를 물어뜯기도 한다구요. 그러다 보면 결국 매미가 지쳐서 오줌을 찍 싸고 날아가 버리고 말아요.

"에라 이녀석들아, 잘 먹고 잘 살아라!"

아마 이런 말을 남기지 않았을까 싶어요.

자, 이제 매미의 누명이 좀 풀렸을까요?

그래요. 매미의 안타까운 일생을 보아서라도 이런 누명을 풀어 주어야 해요. 매미는 4-6년을 땅 속에서만 살다가 겨우 어른 벌레가 되는데, 어른 벌레로 사는 기간은 겨우 20여 일에 불과하거든요.

바로 이 20여 일 동안에 매미는 실컷 울다가 다시 땅 속으로 돌아가는 거라구요. 그래서 매미의 울음소리가 다른 벌레의 울음소리보다 힘차게 들리지만 무척 안타까워요.

> 수컷 매미의 배에는 공명실이라는 공기 주머니가 있습니다. 뱃속은 텅 비어 있는데, 배 위쪽에 V자를 닮은 근육과 같은 것이 있어서 이것을 빠르게 폈다 오므렸다 하는데 이 때 발음판이 진동하여 소리를 냅니다. 사실 이 때의 소리는 작지만 이 소리가 공명실 전체를 울리게 되어 소리가 커집니다.

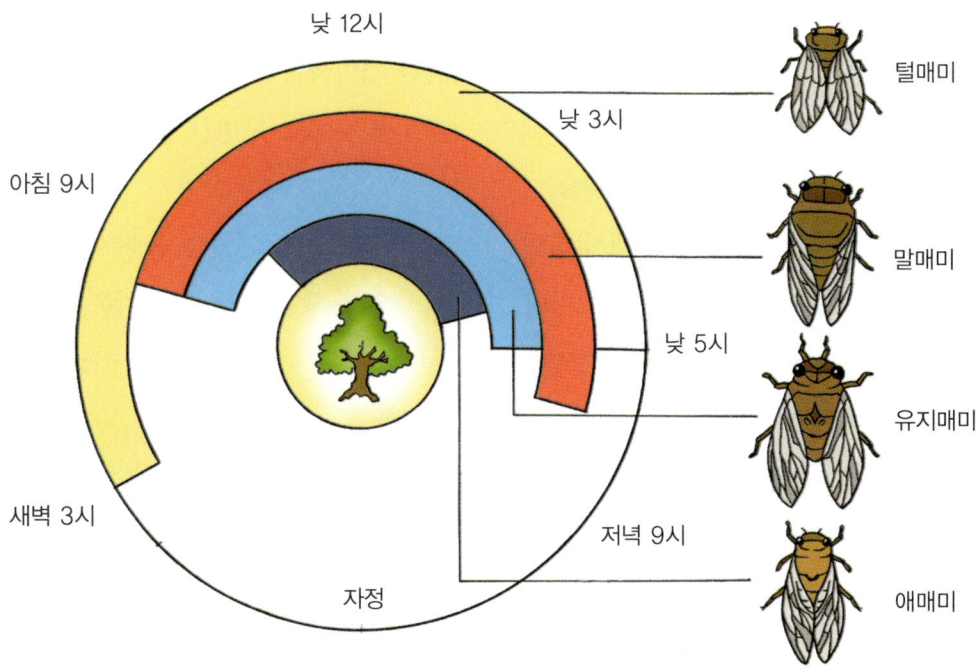

매미는 종류에 따라 우는 시간도 다르다.
말매미와 참매미, 쓰름매미는 오전 7시부터 오후 7시까지 울고, 털매미는 새벽 4시부터 해질 무렵까지 울어댄다. 특히 울어대는 시기는 숲의 밝기에 따라서 다르다.

매미는 무슨 뜻으로 그렇게 힘차고 끈질기게 울어대는 것일까요?

우선은 '나 여기 있어' 하는 뜻으로 울어요. 자신이 당당하게 살아서 그 자리에 있다는 것을 알리고 싶어서죠. 그리고 이 주위는 자신의 영역이니까 아무도 이 주위에 쳐들어오지 말라는 뜻도 숨어 있는 거예요. 또 매미는 암컷을 부를 때도 울죠. 짝짓기를 해야 하니까요.

이런 매미를 우리 나라에서는 극진히 대접했어요. 매미를 한자로 '蟬'이라고 쓰는데, '선'이라고 읽어요. 매미라는 뜻이구요. 그런데 이 글자의 발음이 '仙(신선 선)'자와 똑같아서 매미가 신선과 같은 곤충이라고 여겼어요. 그래서 이슬만 먹고사는 신령스러운 곤충이라고도 생각했죠.

 옛날 높은 벼슬아치나 임금님의 모자를 보세요. 모자의 양 옆에 붙어 있는 날개가 바로 매미의 날개를 본따서 만든 것이라구요. 그뿐이 아니었어요. 매미가 집을 짓지 않고 사는 곤충이라고 하여 참으로 검소하여 본받을 만하다고 여기기도 했어요.

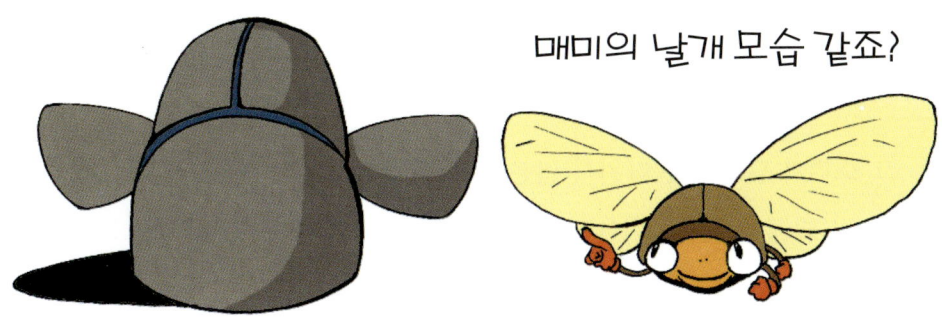

매미의 날개 모습 같죠?

 이런 걸 보면 서양 사람들보다 오히려 우리 나라 사람들이 훨씬 매미의 진실을 볼 줄 알았던 것 같아요.
 재미있는 사실을 하나 알려드릴까요?
 매미는 종류에 따라서 물구나무서듯 꽁지가 하늘로 향한 채로 나무에 매달려 있는 녀석도 있어요. 바로 깽깽매미라는 녀석들인데 이 녀석들은 오히려 하늘을 향해 붙어 있는 매미를 향해,
 "너 왜 거꾸로 앉아 있어?"
라고 한다네요.

2 우리에겐 우리만의 말이 있다 – 귀뚜라미

 매미가 여름 최고의 가수라면, 가을의 최고 가수는 당연히 귀뚜라미일 거예요. 가을이 되면 먼저 주위에서는 귀뚜라미가 등장하는 동요부터 부르기 시작하니까요.

> 귀뚜라미 귀뚤귀뚤 고요한 밤에
> 귀뚜라미 귀뚤귀뚤 글을 읽는다

 그 소리가 맑고 아름다워서 많은 사람들이 옛날부터 좋아했지요. 특히 오래 전 중국에서는 궁녀들이 궁궐의 뒤뜰을 거닐다가 귀뚜라미 소리에

반해서 잡아다 기르기도 했어요. 어떤 궁녀들은 누구의 귀뚜라미가 더 아름다운 소리를 내는지 매일 내기를 하기도 했구요.

"오늘의 최고 인기 가수는 김 상궁의 GOD 귀뚜라미!"

아마 이랬겠지요? 엠피3가 없던 때라 귀뚜라미를 옆구리에 차고 다니면서 그 소리를 듣지는 않았을까요? 하긴 뭐, 지금도 이탈리아 같은 나라에서는 귀뚜라미를 잡아다가 집에서 기르는 게 유행이래요.

하지만 요즘에는 소리는 들을 수 있어도 주위에서 귀뚜라미를 직접 보는 것은 그리 쉽지 않을 거예요. 왜냐하면 귀뚜라미는 밝은 곳보다 어둡고 습한 곳을 더 좋아하거든요. 그래서 예전에는 장독 뒤나 집 뒤뜰 으슥한 곳에서 주로 살았죠. 지금처럼 밤도 낮처럼 훤한 도시에서는 보기가 힘들 거예요.

더구나 용케 귀뚜라미 소리를 듣고 그 쪽을 뒤질라치면 귀뚜라미는 금방 사라져 버리고 말아요.

왜냐하면 귀뚜라미는 소리도 잘 내지만 바깥의 작은 소리나 움직임에도 아주 민감하거든요. 특히 꽁지를 주의하세요.

귀뚜라미가 주위의 움직임에 민감한 것은 꽁지 양쪽에 나 있는 가느다란 털 때문입니다. 즉 사람이나 동물이 아무리 조심스럽게 다가간다고 하더라도 주변의 공기를 조금이라도 진동시키기 마련인데, 귀뚜라미는 바로 꽁지의 가느다란 털로 이 여린 움직임까지 느끼는 것입니다. 꽁지의 가느다란 털 안에는 작은 움직임도 알아차릴 수 있는 신경 세포가 들어 있습니다.

귀뚜라미
재미있는 사실은 귀뚜라미의 귀가 앞다리에 달려 있다는 사실이다. 그래서 소리를 더 잘 듣는지도 모른다. 그러나 시력은 다른 곤충에 비해 약한 편이어서 멀리 있는 물건은 잘 보지 못한다. 암수는 꽁무니를 보고 구별하는데, 꽁무니에 꼬리털이 두 개만 있는 것이 수컷, 꼬리털 사이에 산란관이 삐죽하게 나와 있는 것이 암컷이다.

  뿐만 아니라 실처럼 가느다란 더듬이 역시 냄새와 감각을 느낄 수 있어서 주변의 상황을 매우 민감하고 민첩하게 파악하는데 유리해요. 그래서 숨을 곳을 찾는 데에도 아주 빠릅니다. 그러니 사람이 귀뚜라미 쪽으로 이미 한 발자국 옮겼을 즈음에는 벌써 다른 곳으로 숨어 버렸다고 생각하면 돼요.

  그러나 귀뚜라미는 그런 재주보다는 소리를 내는 재주가 더 뛰어난 곤충이에요. 물론 사람들에게 일부러 들려 주려고 부르는 노랫소리는 아니구요. 사실은 짝짓기를 위해서예요. 그래서 귀뚜라미의 노랫소리는 암컷을 부르는 소리인 동시에 같은 수컷을 멀리 쫓는 소리이기도 해요.

매미처럼 귀뚜라미도 수컷만이 노래를 불러요. 물론 소리를 내는 방법은 매미와 아주 달라요.

> 귀뚜라미는 울어서 소리를 내지 않습니다. 한 쪽 앞날개에 움푹 들어간 것처럼 골이 파인 부분이 있는데, 다른 한 쪽 날개를 이 부분에 대고 비벼서 소리를 내는 것입니다. 즉 날개와 날개를 비벼대는 셈인데, 이렇게 해서 나는 소리는 날개에 있는 '발음경'이라는 기관에 의해 큰 소리로 증폭됩니다.

이런 식으로 귀뚜라미는 보통 네 시간을 쉬지 않고 울어댑니다. 그 동안 똑같은 소리가 무려 4만 번이나 반복되죠. 으아 말이 4만 번이지, 사람들에게 4만 번씩 똑같은 소리를 내라면 까무라치고 말 거예요. 그러나 귀뚜라미는 해 내고 말아요. 그래야 훌륭한 짝을 만날 수 있기 때문이죠. 귀뚜라미의 암컷은 크고 우렁찬 목소리를 내는 수컷에게로 먼저 달려가거든요. 더구나 귀뚜라미들은 같은 소리라도 어느 소리가 더 씩씩한 녀석의 것인지 아주 잘 판단하는 능력까지 갖추고 있다니 말 다했죠.

말하자면 노래를 못 부르는 녀석은 장가도 못 간다는 뜻이에요. 만약에 사람도 이런 식으로 결혼을 한다면 결혼 못한 남자들이 아주 많을걸요. 우리 주위를 보세요. 음치가 한둘이 아니잖아요. 정말 귀뚜라미처럼 짝을 만난다면 우리 주위에는 지금보다 노래방이 수십 배나 더 많을 거예요.

아무튼 이런 아름다운 소리를 내는 귀뚜라미에게도 큰 비극이 하나 있는데, 바로 기생파리란 녀석 때문이에요. 기생파리라는 녀석은 구더기 시절에 수컷 귀뚜라미의 몸 속으로 파고 들어가 처음에는 귀뚜라미가 먹는 음식의 양분을 빨아먹다가 나중에는 귀뚜라미를 안에서부터 파먹고 나옵니다. 끔찍한 일이죠.

> 귀뚜라미는 여러 가지의 언어를 가지고 있습니다.
> 울음소리의 길이나 음의 높고 낮음을 통해 각각 다른 정보를 전달하는 것입니다. 즉 어제 귀뚤귀뚤 하던 소리와 오늘 그 소리는 자세히 들어 보면 전혀 다른 소리라는 것인데, 다만 사람은 정확히 구별하지 못한다는 것입니다.
> 귀뚜라미는 소리에 민감하기 때문에 이런 소리들을 모두 구별해서 들을 수가 있습니다.

귀뚜라미
귀뚜라미는 어미와 새끼가 다르게 생겼는데, 특히 어린 귀뚜라미는 뱃속이 보일 정도로 투명하다가 나중에 점차로 검게 변한다. 귀뚜라미는 잡식성이어서 작은 벌레를 잡아먹기도 하고 사람들이 버린 음식 찌꺼기도 먹는다.

이런 곤충 저런 곤충 – 엄마의 입술은 깍지벌레?

　화장했을 때 엄마의 예쁜 입술을 본 적이 있죠? 립스틱을 바른 예쁜 입술 말이에요. 그 입술은 깍지벌레가 없었으면 그렇게 예쁘지 않았을 거예요. 왜냐하면 깍지벌레가 바로 입술에 바르는 립스틱의 원료가 되거든요.

　특히 라틴아메리카에서는 깍지벌레를 잡아 립스틱으로 만들기를 좋아했는데 이 녀석의 몸에 들어 있는 '코치닐'이라는 물감을 말려서 그것을 재료로 썼답니다. 이 동네에 사는 깍지벌레는 주로 선인장을 먹고사는데 약 870마리를 잡으면 립스틱 1개를 만들 수 있다는군요.

　하지만 깍지벌레는 립스틱과 같은 화장품의 원료로만 쓰이는 건 아니에요. 동남아시아 쪽에서는 나무에 칠하는 니스의 원료가 되기도 하구요. 식품에 넣는 첨가물로도 사용됩니다. 약품에도 쓰이구요.

깍지벌레

깍지벌레의 입은 배 밑에 있어서 식물 이파리의 즙을 빨아먹기에 아주 좋다. 대부분은 식물에 붙어서 기생 생활을 하고 세계적으로 약 8천 종류의 깍지벌레가 살며, 우리 나라에도 수백 종이 산다. 특히 열대 지방에 많이 사는데 무화과나무를 좋아한다. 머리와 가슴, 배의 경계가 뚜렷하지 않으며 촉각과 발, 눈 등이 퇴화되어 있다.

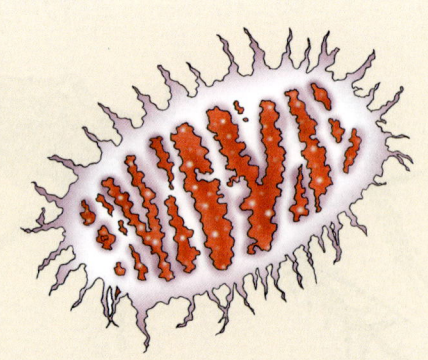

그뿐이 아니에요.

원래 깍지벌레는 수천 마리가 함께 나무에 살면서 밀랍 물질을 분비한대요. 그리고 이 밀랍 물질로 제 몸은 물론이고 나뭇가지까지 칭칭 감아 버린다는군요. 그런데 이 때 알을 밴 암컷은 알이 자라면서 색깔이 변해요. 붉게 말이에요.

바로 이 때 밀랍으로 둘러싸인 나뭇가지를 꺾어서 가져와요. 여기에서 색소의 원료를 얻는 거예요.

특히 깍지벌레가 만들어 놓은 밀랍도 아주 쓸모가 많아서 장난감이나 장식품으로도 이용되구요. 이 때 꺾은 나뭇가지는 연료로 쓰기도 한답니다.

8. 총알도 못 뚫는다, 거미

1 행운을 점치는 거미

'오늘 친구가 우리 집에 놀러 올까, 안 올까? 간식으로 엄마가 양념 치킨을 사 주실까, 안 사 주실까? 예쁜 옷은 언제 사 주실까? 저녁 때 아빠가 집에 돌아오실 때 내 선물을 사 오실까, 안 사 오실까?'

미리 이런 것들을 알 수 있다면 얼마나 좋을까요. 마법의 거울이 있는 것도 아니고 미래를 여행할 수 있는 타임 머신도 없으니 힘든 일이겠죠? 그런데 방법이 아주 없는 것은 아니에요. 바로 거미를 통해서 알 수 있죠. 옛날 사람들은 거미로 행운을 점치곤 했거든요.

중국에서는 긴 거미줄 끝에 매달린 거미를 보면 먼 곳에서 친구가 찾아온다고 믿었대요. 하지만 놀기만 하다가 숙제장 빌리러 오는 녀석일지도 모르니까 조~심!

일본에서는 거미가 웅크린 채 거미줄에 매달려 있으면 손님이 선물을 가져온다고 믿었고, 다리를 편 채 매달려 있으면 빈손으로 온다고 믿었어요. 그렇다고 설마 다리 펴고 자는 거미를 억지로 웅크리게 하자는 생각을 하고 있는 건 아니겠지요?

미국의 캔터키 지방 사람들은 거미를 주머니에 넣고 다녔어요. 그렇게 하면 주머니에 돈이 가득 들어온다고 생각했기 때문이죠. 그 거미 이름이 '돈거미'였대요. 그런가 하면 숲을 거닐다가 얼굴에 거미줄이 닿으면 행운이 찾아온다고 생각했어요.

우습게도 영국 사람들은 거미를 잡아 어깨 너머로 던지곤 했는데, 그러면 건강해진다고 믿었기 때문이에요. 또 거미가 옷 위를 기어다니면 새 옷이 생긴다고 좋아했구요. 심지어 이 나라 민요에는,

거미

거미는 머리가슴과 배, 두 부분으로 나뉘어져 있다. 머리가슴 부분에는 눈과 입, 위턱, 더듬이다리와 4쌍의 다리가 있다. 눈은 홑눈이며 종류에서 따라 1-6개이다. 그러나 시력은 그리 좋은 편이 아니다. 다리에 맛과 냄새를 맡는 기관이 있다. 온몸을 뒤덮고 있는 털로 촉각을 느낀다.

거미를 죽이면 불행이 찾아옵니다.
그대가 53마리의 파리를 잡지 않는 한
거미를 죽이면 나쁜 일이 생겨요.

하는 재미있는 노랫가락이 있다는군요. 이 나라에서는 거미가 행운의 상징이거든요.

거미

거미는 약의 재료로도 쓰였다. 허준이 쓴 《동의보감》에는 몸에 종기가 났을 때 왕거미를 잡아 찧어서 바르면 고름을 빨아내 상처를 아물게 한다고 쓰여 있다. 일본에서는 손에 난 사마귀를 뗄 때, 또는 건망증 치료에 사용하였는데, 미국에서는 '치매'에도 효과가 있다고 믿어 의사들이 연구 중이다.

우리 나라는 어땠느냐고요?

우리 나라에서는 아침에 보는 거미는 좋은 일의 징조로 여겼고, 저녁에 보는 거미는 나쁜 일이 생길 불길한 징조로 생각했어요. 혹시 학교 가는 길에 거미를 보게 되면 숙제 안 했다고 걱정하지 마세요.

왜냐구요? 선생님이 용서해 주시는 행운이 따를지도 모르는 일이니까요. 그렇다고 매일 숙제 안 하고 새벽부터 거미나 찾으러 다니는 건 아니겠지요?

좀 더 웃기는 나라가 있어요. 인도와 이집트랍니다. 이 나라의 어떤 마을에서는 결혼하는 신랑 신부의 행운을 빌기 위해 수백 마리의 거미를 잡아 결혼식 날 신랑 신부의 머리에 뿌렸답니다.

으악! 거미가 독침이라도 쏘면 어떻게 하죠?

하지만 걱정은 거미줄에 붙들어 매어 두세요.

물론 거미는 독을 가지고 있지만 자신을 공격하지 않으면 결코 먼저 덤벼들지 않거든요. 오히려 거미는 사람에게 해가 될 만한 파리나 모기와 같은 해충들을 잡아먹어요.

하긴 뭐, 그 정도는 아무것도 아니죠. 새나 쥐, 심지어 독사까지 잡아먹는 거미가 있다구요. 바로 '타란튤라'라고 부르는 '새잡이거미'인데요, 애완용으로도 키운대요. 오옷, 또 독이 문제라구요? 하긴 새나 독사까지 잡아먹는 녀석이니까 걱정이 될 만도 하겠군요. 그렇지만 문제없어요. 이 녀석도 독은 거의 가지고 있지 않답니다.

타란튤라
옛날 유럽 사람들은 타란튤라에게 물리면 웃다가 울다가 하면서 죽는 것으로 믿었다. 또는 지쳐서 쓰러질 때까지 춤을 추어야 고통이 사라진다고 생각했다. 이 이름은 이탈리아의 타란토 지방에서 유래했는데, 남미에 사는 타란튤라는 다리 길이만 30센티미터에 이르는 것이 있다고 한다.

그런데 참 어이가 없죠? 거미가 자신보다 더 큰 녀석들을 사냥한다는 것이 말이에요. 하지만 거미의 재빠르고 기가막힌 사냥 법을 들여다보면 이상할 것도 없는 일이에요.

가죽거미 종류는 침을 뱉어서 먹이를 잡아요. 그래서 '침을 뱉는 거미'라고 불리기도 하는데, 이 녀석들은 멀리 있는 먹이를 향해 끈적거리는 침을 뱉어요. 퉤엣! 그러면 도망가던 먹이는 그 자리에 달라붙어 꼼짝 못하게 돼요.

호주에 사는 왕눈이거미는 네모꼴의 그물을 만든 다음 앞다리로 이것을 보자기처럼 펼치고 있다가 먹이가 가까이 다가오면 보자기를 둘둘 말듯이 먹잇감을 잡아요.

미국에 사는 보라스거미들도 사냥법이 독특해요. 녀석들은 나뭇가지에 거꾸로 매달린 채 제 몸에서 나온 액체로 동그란 구슬을 만든 다음에 이것을 한 5센티미터쯤 되는 거미줄에 묶어요. 그런 뒤에 사정없이 사방으로 돌려요. 그러면 아주 재수 없는 곤충이 지나다가 이 구슬에 쩍 붙어 버리죠. 그러면 냉큼 달려가 삼켜 버리는 거예요. 서부 영화의 목동들이 밧줄을 돌려 소를 잡을 때와 비슷한 모습이에요.

그런가 하면 어떤 녀석은 저녁 때 항아리 입구에 그물을 쳐두었다가 다음 날 아침에 거미줄에 걸린 녀석들을 거두어들이기도 하고, 식충 식물(곤충을 잡아먹는 식물)이 잡은 곤충을 빼앗아 먹는 거미도 있어요.

② 총알도 못 뚫는 거미줄

이렇게 거미들이 훌륭한 사냥 솜씨를 가질 수 있는 건 무엇보다 녀석들의 자랑거리인 거미줄 때문이에요. 총알도 못 뚫는다는 거미줄, 어른이 매달려도 끊어지지 않는다는 거미줄 말이에요. 더구나 거미는 원래 지혜의 여신 아테네보다 훨씬 길쌈을 잘 하는 소녀였대요.

오랜 옛날 그리스의 한 마을에 아라크네라는 소녀가 살았는데, '길쌈의 여왕'이었어요. 아라크네는 이 솜씨를 아테네 여신에게서 배웠는데, 그 누구도 아라크네의 천 짜는 솜씨를 따를 사람이 없었지요. 나라 안의 모든 사람들은 아라크네를 침이 마르도록 칭찬했어요.

그런데 어느 날, 아테네는 자신보다 아라크네가 더 칭찬을 받고 있는 것에 질투가 나서 노파로 변장한 다음 아라크네를 찾아가 물었어요.

"아라크네 아가씨, 당신의 훌륭한 길쌈 솜씨는 누구에게서 배웠나요?"

"그 누구에게도 배우지 않았어요. 스스로 익혔답니다."

아라크네의 거짓 대답에 아테네는 화가 났어요. 아테네는 즉시 신의 모습으로 돌아와 아라크네에게 소리쳤어요.

"괘씸한 아라크네야. 네 죄를 용서할 수가 없구나. 당장 나와 시합을 벌여 보자."

아라크네는 당장 아테네 여신과 길쌈 시합을 벌여야 했죠. 마을 사람들은 아라크네가 아테네 신만큼은 이길 수 없으리라고 생각했어요. 하지만 이게 웬일일까요. 아라크네는 아테네 여신마저도 이겼어요.

그러나 그것이 오히려 아테네 여신을 더욱 화나게 했지요. 아테네는 거짓말을 하고 자신에게 모욕을 준 아라크네에게 큰 벌을 내리기로 결심했어요. 아라크네는 그것이 몹시 두려웠죠. 그래서 스스로 목숨을 끊고 말았어요. 하지만 그런다고 아테네의 화가 풀린 것은 아니었죠. 아테네 여

신은 아라크네를 거미로 다시 태어나게 해서 평생 실을 뽑는 일을 하게 했어요.

그 뒤로, 그냥 거미라고 할 때는 '스파이더(spider)'라고 하지만 거미 종류의 곤충 전체를 부를 때는 '아라크네(arachne)'라고 합니다.

자, 그럼 거미줄에 대해서 이야기해 볼까요?

거미줄은 거미의 뱃속에 있는 '실샘'이라는 곳에서 만들어집니다. 거미에게 거미줄은 여러 가지 용도로 쓰입니다. 거미줄로 먹이를 잡을 그물을 만들기도 하고 먹이를 싸서 보관해 두기도 합니다.

뿐만 아니라 알을 보호하는 데도 쓰이고, 새끼 거미의 놀이터로도 이용됩니다. 또한 이동할 때도 거미줄은 필요하며, 특히 위아래로 오르내릴 때 밧줄과 같은 구실을 하게 됩니다. 대체로 거미줄의 굵기는 0.0003밀리미

| 땅거미 | 물거미 | 들풀거미 |

거미

거미는 어떤 집에서 살까. 땅거미는 나무의 뿌리 옆에 가늘고 기다란 주머니처럼 생긴 집을 짓고 산다. 물거미는 물풀을 이리저리 엮어서 종처럼 생긴 집을 지으며, 들풀거미는 나뭇가지 사이에 얇은 천과 같은 그물을 친 뒤, 한쪽에 터널 같은 집을 짓는다. 하지만 꽃거미와 같은 거미들은 집을 짓지 않는다. 이렇게 집을 짓지 않는 거미를 '배회성 거미'라고 한다.

터로 꽤 가늘지만 매우 강합니다. 또 고무줄보다 강도가 1,000배 이상이고, 어른 한 사람(약 80킬로그램)이 매달려도 끊어지지 않습니다. 또한 어떤 용액에도 잘 녹지 않습니다.

여기서 잠시 한 말씀드리고 넘어갈게요.

거미가 실처럼 가느다란 거미줄을 치는 것을 보고 사람들은 욕심을 냈죠. 거미줄로 천을 만들어서 옷을 만들 수는 없을까 하고 말이에요. 그래서 실제로 1709년 프랑스의 한 과학자는 거미줄을 이용해서 장갑과 양말을 직접 만들었다는군요. 이에 질세라 어떤 사람은 아예 거미 공장을 차려서 실을 뽑는다면 거미줄 옷을 많이 만들 수 있다고 생각했죠. 그래서 온갖 거미를 잡아 모으기 시작했는데……. 어떻게 되었을까요?

안됐지만 실패하고 말았어요. 왜냐구요? 약 1파운드(약 450그램)의 거미줄 천을 만들기 위해서 무려 60만 마리가 넘는 거미가 필요하다는 계산이 나왔거든요. 실제로 가장 강한 거미줄을 만든다는 무당거미의 경우에도 한 마리에서 최대한 뽑아낼 수 있는 거미줄이 700미터거든요. 이 무당거미 60만 마리에게서 최대한 거미줄을 뽑아도 450그램의 절반도 안 돼요. 그렇다면 결국 두 배인 120만 마리의 거미를 동원해도 장갑 한두 짝 정도밖에는 못 만든다는 결론이 나오네요.

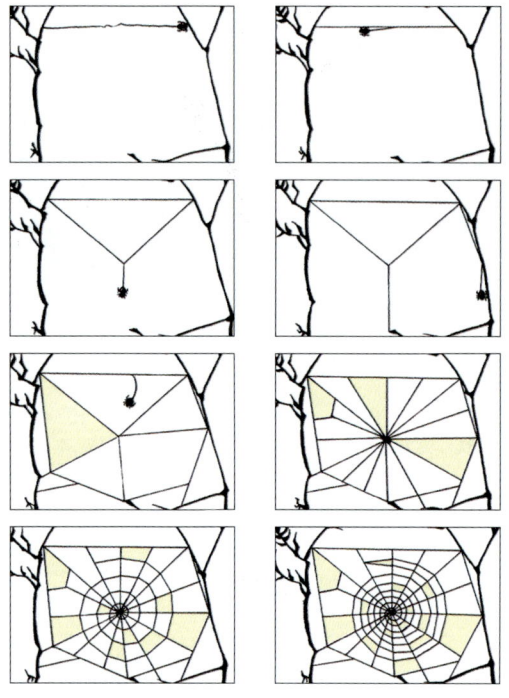

거미줄 치는 모양

거미는 그림과 같은 순서로 거미줄을 친다. 이 때 원 모양의 거미줄은 끈적거리지 않으며 사방으로 뻗어나가 있는 직선으로 쳐진 거미줄은 끈적거린다. 작은 곤충들은 바로 이 끈적거리는 실에 걸리며, 거미는 먹이가 걸린 후에 끈적거리지 않는 실을 밟으며 다가가는 것이다. 그 때문에 거미 자신은 거미줄에 걸리지 않는 것이다. 먹이가 걸리면 위턱으로 먹이를 찔러서 마취시킨 뒤에 체액을 빨아먹는다.

하지만 사람이란 포기할 줄 모르는 끈질긴 동물이죠. 여러 나라에서는 이 튼튼한 거미줄로 총알도 뚫지 못하는 방탄 조끼를 만들려고 아직도 연구 중이랍니다.

그런데 사람들이 거미를 눈여겨보는 건 거미줄 때문만이 아니에요. 한 녀석을 콕 찍어서 말해 볼까요. 바로 '애어리염낭거미'란 녀석입니다.

애어리염낭거미는 그 어떤 곤충보다 희생 정신이 강한 거미예요. 이 녀석은 식물의 이파리를 말거나 접어서 알을 낳아요. 그런 뒤에는 바깥으로 단 한 번도 나가지 않고 알을 부화시키죠. 그렇게 해서 새끼가 태어나면 스스로 목숨을 끊습니다.

갑자기 왜 자살을 하는지 궁금하죠? 그 이유는 자신의 몸을 제 새끼들의 먹이로 주기 위해서예요. 그러니까 새끼 거미들은 어미의 몸을 영양분 삼아서 자라는 거죠. 그런 뒤 어른 거미가 된 후에 둘둘 말린 이파리를 뚫고 나와 생활을 해요. 참으로 눈물나는 이야기 아니에요?

잎왕거미란 녀석도 항상 알주머니를 물고 다니는데, 심지어 자신이 다른 곤충에게 잡혀 끌려갈 때에도 알주머니를 놓지 않는다는군요. 역시 어머니의 희생은 사람이나 곤충이나 정말로 대단해요.

하지만 거미란 녀석들도 언제나 이렇게 진지하고 엄숙한 것만은 아니에요. 가끔은 춤꾼이 된다구요. 바로 짝짓기를 할 때죠. 수컷 거미들은 암컷에게 귀여움을 받기 위해 춤을 춰요.

스라소니거미들은 앞다리 혹은 뒷다리까지 경중경중 뛰면서 위아래로 몸을 흔들죠. 무슨 힙합 같기도 해요. 그런가 하면 닷거미 종류 어떤 것들은 배꼽춤을 춥니다. 배를 위아래로 흔들면서 사랑을 고백하거든요.

그러나 마지막으로 가장 중요한 한 마디, 거미는 곤충이 아니에요!

곤충과의 진실 게임 · 넷 – 거미는 곤충이 아니다

거미는 곤충과 어떻게 다를까요?

거미는 절지 동물이라고 부릅니다.

곤충은 3부분(머리·가슴·배)으로 나뉘어져 있지만 거미는 2부분(머리가슴·배)으로 나뉘어져 있지요. 즉 곤충은 머리와 가슴과 배가 정확히 세 마디로 나뉘어져 있지만 거미는 두 마디로 되어 있는 거예요. 그리고 배 부분이 유난히 크죠.

또 곤충은 더듬이가 있어서 여러 가지 역할을 하지만 거미에게는 더듬이가 없어요. 그래서 거미는 곤충의 더듬이가 하는 일들을 다리에서 많이 합니다. 예를 들어 냄새 맡기 같은 것 말이에요. 그리고 다리는 곤충이 5쌍이구요, 거미는 4쌍입니다. 또한 이 다리가 곤충은 5마디로 나뉘어져 있지만 거미는 7마디로 나뉘어져 있어요.

곤충은 대부분 날개가 있지만, 그러나 거미에게는 날개가 없답니다.

또한 곤충은 변태를 하는데 거미는 탈피, 즉 껍데기만 여러 차례 벗습니다.

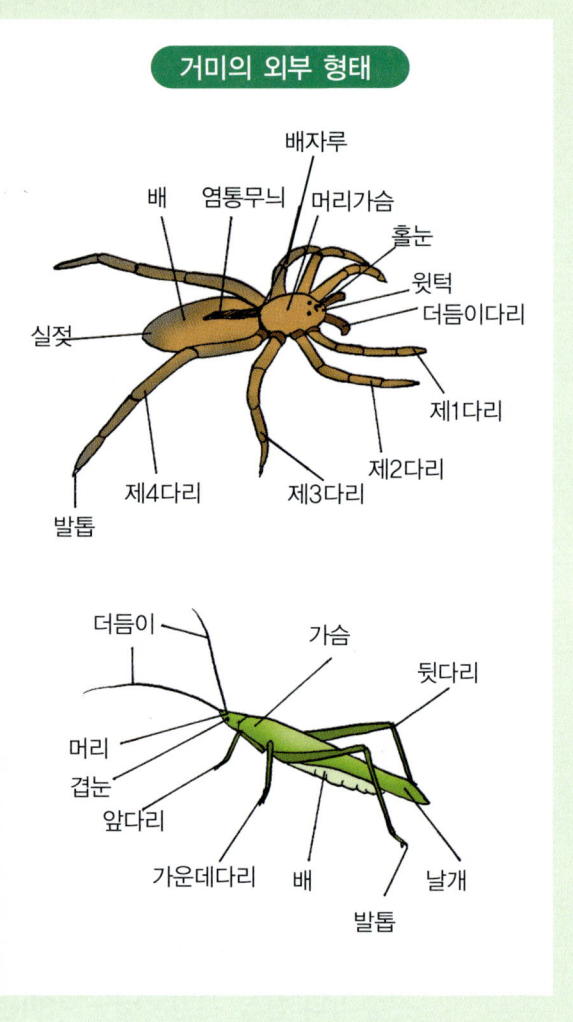

거미의 외부 형태

9. 아, 슬프다, 나비

1 나비는 슬프다?

나비는 슬프다?

또 아리송한 문제를 풀어야겠네요. 온갖 화려한 색깔로 치장한 곤충의 여왕 나비에게 무슨 사연이 있는 것일까요? 있기는 있죠. 슬프고도 한편으로는 무시무시하기까지 한 숨겨진 이야기들 말이에요.

그런데 그 말이 사실이라면, 지금도 그렇지만 왜 옛날 사람들은 옷에 치장하는 장신구에 그토록 나비 모양을 많이 썼을까요? 그리고 이불이나 병풍에도 나비 그림이 많았던 이유가 무엇일까요? 또 어떤 집에서는 문갑 고리도 나비 모양이었다죠? 하긴 옛날의 일만은 아니에요. 요즘에도 귀한 선물을 포장한 다음에 항상 나비 모양의 리본을 달잖아요.

아무튼 그 많은 곤충들 중에서 왜 나비를 이토록 좋아했을까요?

사마귀나 바퀴벌레를 좋아하면 이상하니까?

나비

나비만큼 사람들의 사랑을 받는 곤충도 없을 것이다. 나비는 생김새에 따라 호랑나비 종류, 왕나비 종류, 부전나비 종류, 네발나비 종류, 뿔나비 종류, 팔랑나비 종류, 뱀눈나비 종류로 나뉜다. 물론 그 종류에 따라 사는 곳이 다르다. 세계적으로는 2만 종류가 있고, 우리 나라에는 248종류의 나비가 살고 있다.

그것도 말은 되지만 옛 사람들이 나비를 좋아한 건 나비가 영생 불멸(永生不滅: 죽지 않고 영원히 산다는 뜻)하는 곤충이라고 믿었기 때문이에요. 그래서인지는 몰라도 나비에는 늘 죽은 사람의 영혼이 깃들어 있다고 생각되었죠.

경상도 밀양에서 전해져 내려오는 무시무시한 옛날 이야기에서도 마찬가지예요.

옛날 옛적 밀양에 아랑이라는 예쁜 처녀가 살고 있었죠. 아버지는 밀양 부사(지금의 시장이나 군수 격이었죠.)였는데, 아랑을 좋아하는 청년들이 많았어요. 그런데 어느 날 밤, 아랑은 보름달 구경을 하러 밖에 나갔다가 한 관노(관가의 노비)에게 억울하게 죽고 말았죠. 더구나 이 관노는 자신의 잘못을 숨기기 위해 아랑의 시신을 아무도 모르는 곳에 묻어 버렸어요.

아랑의 아버지는 사방팔방으로 아랑을 찾아다니다가 결국엔 찾지 못한 채 다른 곳으로 떠나고 말았어요.

무시무시한 일은 그 때부터 일어났어요. 새로운 부사가 부임해 올 때마다 그 다음 날 아침이면 이유없이 죽어 버리는 거예요. 아무도 그 이유를 알 수 없었죠. 그래서 아무도 밀양의 부사가 되려고 하지 않았어요.

그러던 어느 날, 용기 있는 젊은이가 스스로 밀양 부사가 되겠다면서 찾아왔어요. 그 날 밤이었어요. 젊은 부사가 잠들려는데 소복을 입은 귀신이 나타났어요. 바로 억울하게 죽은 아랑이었죠. 그제야 젊은 부사는 왜 다른 부사들이 부임 첫날 죽어 버렸는지 이유를 알 수 있었죠.

젊은 부사는 그런 모습으로 나타나 사람들을 놀라게 하는 이유가 무엇인지 물었어요. 그러자 아랑은 자신이 억울하게 죽었음을 알리고 원수를 갚아 달라고 간청했어요. 젊은 부사는 알겠노라고 대답하고 다음 날 관가의 모든 사람들을 모이게 했어요.

물론 아랑을 죽인 관노도 그 사이에 섞여 있었죠. 바로 그 때였어요. 젊은 부사가 모인 사람들을 죽 돌아보고 있는데 흰 나비 한 마리가 어디선가 날아와 아랑을 죽인 관노의 갓에 살짝 내려앉는 거였어요. 그러고는 마치 말이라도 하듯 날개를 펄럭거렸죠. 젊은 부사는 곧바로 관노를 끌어내 죄를 물었죠. 관노는 자신의 죄를 실토하지 않을 수 없었어요. 흰 나비는 바로 아랑의 영혼이었던 거예요.

슬픈 나비의 전설은 또 있어요.

오랜 옛날 충청도에 살던 한 처녀가 흰 가마를 타고 시집을 가게 되었어요. 왜 꽃가마가 아니고 흰 가마냐구요? 정혼(신랑 신부의 부모들이 미리 짝을 정해 놓는 것)한 신랑이 죽고 없을 때 바로 이 흰 가마를 타고 시집을 갔죠. 그래요, 처녀는 오래 전에 혼인을 약속한 신랑이 있었지만 시집도 가기 전에 죽어 버렸던 거예요.

결국 처녀는 신랑도 없이 혼인한 몸이 되어 외롭게 혼자 살아야 했어요. 처녀는 너무 슬펐어요. 그래서 매일 죽은 신랑의 무덤에 가서 구슬프게 울었지요. 그러던 어느 날이었어요.

그 날도 처녀가 애닯게 울고 있는데 주위에 뽀얀 연기가 피어 오르더니 신랑의 무덤이 갈라지는 거예요. 그리고 처녀는 마치 빨려들어가듯 무덤 안으로 끌려들어갔어요. 바로 그 때, 뒤따라왔던 하녀가 얼결에 처녀의 저고리를 잡았죠. 그런데 이게 어찌 된 일일까요. 처녀의 저고리 끝이 세모꼴로 찢어지면서 그 찢어진 옷자락이 나비가 되어 날아가는 거예요.

배추흰나비
이른 봄에 처음으로 흰 나비를 보면 '엄마가 죽는다'는 전설이 전해져 내려오는 곳도 있었다. 봄이 되면 가장 먼저, 가장 많이 나타나는 나비 중의 하나이지만 여름에는 그 숫자가 많이 줄어든다. 날씨가 더워지면 배추흰나비는 동작이 느려져서 사마귀와 같은 벌레들에게 잡혀 먹는 수가 많기 때문이다. 배추흰나비는 특히 애벌레 시절에 배추잎을 모두 먹어치우는 대식가이다.

어때요, 슬프죠?
저 먼 유럽에서 전해 오는 나비 전설도 슬픈 이야기들이에요.
사랑하는 두 연인이 바다를 사이에 두고 사랑하고 있었죠. 여자의 이름은 헤로였고 남자의 이름은 레안드로스였어요. 레안드로스는 사랑하는 헤로가 보고 싶어 밤마다 헤엄을 쳐서 헤로에게 달려가곤 했어요. 그럴 때면 헤로는 밤에 횃불을 밝혀 레안드로스의 길을 안내하곤 했어요. 그런데 어느 날에는 심한 폭풍우가 몰아쳐 레안드로스가 물에 빠져 죽고 말았어요.

헤로는 너무 슬펐죠. 혼자서는 살아갈 수가 없을 것 같았어요. 결국 헤로 역시 레안드로스의 뒤를 따라 물에 뛰어들었어요. 이후 두 사람은 나비가 되어 다시 태어났어요. 이 나비의 몸에는 처녀가 들고 있던 횃불과 남자가 건너던 바다의 무늬가 아름답게 새겨져 있었죠. 이 나비의 이름은 '헤로'라고 지어졌어요. 우리 나라에서는 '도시처녀나비'라고 부르죠.

어때요? 나비 전설 참 슬프죠? 나비에게 이런 전설이 뒤따라 다니는 건 어쩌면 나비가 색깔은 아름답지만 연약하고 앳되어 보여서가 아닐까 싶군요. 사실 나비란 녀석들도 저희들만의 깜찍한 재주들이 있어 야무지게 살아가는데 말이에요. 특히 꽃을 찾아서 꿀을 빨아먹을 때가 그렇죠.

> 나비의 가장 큰 재주는 꽃을 찾아 내는 능력입니다.
> 나비는 사람은 볼 수 없는 자외선을 통해 꽃을 분별합니다.
> 자외선을 통해 꽃을 보면 그 독특한 모양이 훨씬 뚜렷하게 나타나기 때문에
> 꿀이 많이 들어 있는 꽃을 다른 어떤 곤충보다 잘 찾아 낼 수 있습니다.
> 이렇게 꽃을 찾은 뒤에 나비는 앞다리 끝으로 꽃잎을 더듬어
> 다시 한 번 꽃을 확인합니다. 나비는 다리에 맛을 느끼는 기관이 있기 때문입니다.
> 만약 단맛이 느껴지면 나비는 용수철 모양으로 감겨 있던 입을 쭉 펼칩니다.
> 그러면 입은 곧 빨대 모양이 되고 이것으로 꿀을 빨아먹습니다.

나비의 재주가 그것뿐이냐고요? 물론 아니지요. 몸통보다 날개가 큰 나비의 또 다른 재주는 바로 날개에 있습니다. 나비의 날개는 단지 색깔이 예쁠 뿐만이 아니라 비가 와도 물에 젖지 않아요. 왜냐하면 나비의 몸에 덮여 있는 비늘 가루 때문이죠. 우산이나 우비가 필요없을 거예요. 잠자리와 같은 녀석들은 비를 맞으면 날개가 젖어 날지 못하는데, 그에 비하면 재주라 할 수 있어요.

날개의 또 다른 쓰임새는 바로 짝짓기 때랍니다. 예를 들어 가장 흔한 호랑나비의 노란색 무늬는 바로 수컷을 유인하는 신호와 마찬가지 역할을 하죠. 바로 이 노란색에 이끌려 호랑나비의 수컷이 암컷을 찾아 날아

오는 거예요. 하지만 곤충의 여왕이라서 그런지 나비는 아무 때나, 그리고 아무 수컷과 짝이 되지는 않아요. 흥, 자존심이 있지. 수컷을 슬쩍 본 뒤에 별로다 싶으면 은근히 날개를 접어요. 왜냐구요?

'넌 내 남자 친구가 될 수 없어. 난 너랑 짝짓기 안 할 거야!'

날개를 접고 있으면 그런 뜻이 되는 거예요. 물론 날개를 펴고 있으면 짝짓기를 하겠다는 뜻이 되죠.

2 지혜로운 호랑나비

호랑나비 이야기를 조금 더 해 볼까요?

호랑나비는 또 지혜로운 곤충이기도 합니다. 알을 낳아 키울 때 보면 알 수 있죠. 나비는 항상 새끼들이 알을 까고 나와서 먹고 살 수 있는 나무를 찾아 알을 낳아요. 보통 알을 낳고 1주일이 지나면 알을 깨고 나오는데 이 때 애벌레는 자기가 살던 알 껍질까지 먹어 치우죠. 괴물 같은 녀석이라구요? 사실 그 집(알껍질)이 자신이 살아가는데 필요한 영양분을 많이 가지고 있거든요.

사실 진짜 괴물 같은 녀석은 부전나비와 같은 녀석들이죠. 이 녀석들은 애벌레 시절에는 뜻밖에도 배추잎 같은 식물을 먹지 않고 동물을 먹거든요. 뭐, 큰 녀석은 아니구요. 아주 작은 진딧물을 잡아먹어요. 더 기가막힌 사실은 개미의 집에서 자라는 녀석들도 있다구요. 그게 정말 가능한 일이냐구요? 물론이에요, 보세요.

호랑나비

호랑나비는 봄에 나오는 것과 여름에 나오는 것이 각각 따로 있다. 봄에 나오는 것이 여름에 나오는 것보다 몸집이 작다. 호랑나비는 주로 백일홍과 민들레, 제비꽃의 꿀을 먹으며 뜨거운 날씨를 싫어해서 한여름에는 보기 힘들다.

진딧물을 먹고 자라는
부전나비(특히 꼬마부전나비나 큰점박이푸른부전나비)의 애벌레는
진딧물을 구하려는 개미에게 자신의 꿀을 줍니다. 이 때 개미는 꿀을 얻을 수
있기 때문에 애벌레를 공격하지 않고 오히려 보호하고 먹을 것을 줍니다.
이런 일이 반복되면 부전나비는 아예 개미의 집으로 들어가
개미의 애벌레를 잡아먹고 대신 자신이 가지고 있는 꿀을 주며 살아갑니다.
물론 개미는 알을 잃지만 꿀도 중요하기 때문에 애벌레를
키우며 살아갑니다.

나비의 애벌레
나비의 아름다움은 그냥 얻어지는 것이 아니다. 나비는 알에서 깨어 나온 뒤에도 무려 5번이나 껍질을 벗어야 한다. 그런 뒤에라야 번데기가 될 수 있고, 그러고 나서도 번데기 껍질을 벗어야 나비가 될 수 있다.

하아, 참 대단한 녀석들이죠?

한두 녀석 더 볼까요? 긴꼬리제비나비란 녀석인데요, 녀석은 흉내내기 선수죠. 원숭이도 뒤로 자빠질 정도로 사향제비나비의 흉내를 아주 잘 낸답니다. 왜 하필 사향제비나비냐구요? 사향제비나비는 새가 달려들면 아주 고약한 냄새를 풍깁니다. '응가' 냄새보다 더 지독한 냄새래요. 그러면 새가 잡아 먹으려다가도 코를 막고 돌아선대요. 물론 그 다음부터 새들은 사향제비나비 근처에는 갈 생각도 하지 않아요. 그러니까 긴꼬리제비나비가 사향제비나비의 흉내를 내는 거예요. 그러면 긴꼬리제비나비는 사향제비나비와 생긴 모습도 비슷하기 때문에 새들이 긴꼬리제비나비를 사향제비나비로 착각하고 잡아먹지 않는 거죠.

다음은 부전나비입니다. 이 녀석들은 앉아 있을 때 자꾸만 날개를 비벼대요. 등이 가려워서라구요? 천만의 말씀! 부전나비가 날개를 비벼대는 이유는 자기를 보호하기 위해서예요.

예를 들어 암먹부전나비나 북방까마귀부전나비와 같은 녀석들은 날개 뒤쪽이 뾰족이 솟아 나온 것이 있어서, 이것을 비벼대면 마치 머리를 꼼지락거리는 것처럼 보이거든요. 그러면 부전나비의 천적들은 이 꼬리 쪽이 머리인 줄 알고 날개 뒤쪽을 공격하죠. 생각해 보세요. 날개는 조금 부

부전나비
부전나비는 꼬리 쪽 날개가 뾰족이 솟아 있어서 천적들에게는 그 쪽이 머리 쪽으로 보인다. 그래서 천적들은 꼬리 쪽을 머리로 착각하고 공격한다.

러지지만, 목숨은 건질 수 있잖아요. 하지만 몸통을 공격당하면 여지없이 죽고 말겠죠?

어때요, 이런 녀석들을 한번 잡아서 잘 관찰해 보고 싶죠? 그러면 나비가 날아다니는 길을 잘 보아 두었다가 기다리세요. 나비는 항상 다니는 길로만 다니거든요. 특히 호랑나비들이 그렇다는군요.

집 잃어 버릴까 봐 그러는 건지, 버릇이 되어서 그러는 건지……. 물론 그런 이유 때문은 아니구요. 아까 나비는 자외선을 볼 수 있다고 했죠. 그래요, 나비는 다른 곳보다 자외선이 많은 곳을 향해서 날아간대요. 그러니까 늘 햇볕이 잘 비추는 곳으로 날아가겠죠? 그렇다면 날아가는 길은 뻔히 정해져 있는 것이죠.

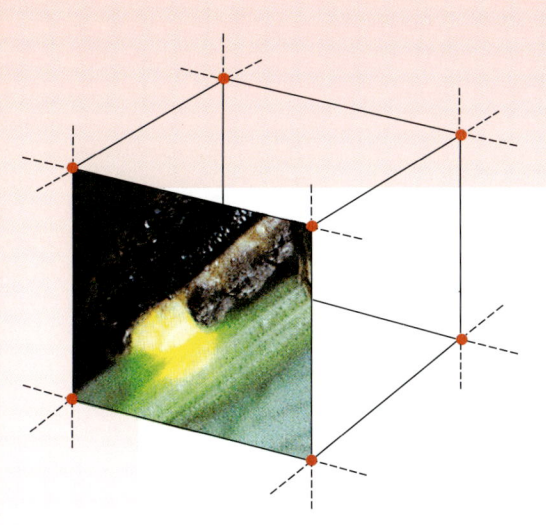

10. 밤이 좋아, 불이 좋아!
나방과 반딧불이

1 불 속으로 달려 들어도 난 소방관이 아니야 – 나방

"뻔-뻔-뻔-, 데기- 데기- 데기-."

이런 소리 많이 들어 봤죠? 꿀꺽! 침이 넘어가요. 왜긴요, 번데기를 생각하니까 그런 거죠.

우리 엄마 아빠가 어릴 적에는 번데기만큼 맛있는 군것질 거리가 없었거든요. 그래서 어떤 날은 하루 종일 번데기 아저씨가 지나가길 기다린 적도 있답니다. 오죽했으면 한때, '3천만 국민의 영양 간식'이라고 불렀을라구요.

"뻔, 뻔!"

번데기 아저씨는 늘 그렇게 외치며 마을을 돌아다녀요.

왜 '데기'는 안 하느냐고요? 누가 그러는데 '데기'는 집에 가서 밤새도록 한다는군요.

　분명 나방 이야기를 할 차례인데 갑자기 번데기 타령을 하니까 이상해요? 하지만 나방을 알려면 번데기는 필수! 왜냐하면 이 번데기는 누에나방의 번데기이거든요.

　누에나방이란 녀석은 또 실도 짜요. 거미 이야기를 하는 게 아니에요. 누에나방은 '고치'라는 실뭉치를 만들어 제 몸을 보호하거든요. 그런데 사람들은 바로 이 실뭉치를 다시 뽑아서 쓰는데 한 개의 고치에서 1,000 미터가 넘는 실이 나온대요. 이 실뭉치가 바로 비단이에요. '실크'라고도 하죠.

　나방이라는 녀석이 생긴 것만 나비와 비슷하고 별로 이롭지 못한 곤충일 줄 알았는데, 뜻밖이죠? 참, 이 기회에 나비와 나방이 어떻게 다른 것인지 알아둘 필요가 있겠군요.

> 하나, 나비는 앉을 때 날개를 접은 채로 앉고 나방은 편 채로 앉습니다.
> 둘, 나비는 낮에 볼 수 있지만 나방은 밤에 돌아다닙니다.
> 셋, 나비의 날개는 얇고 그에 비해 나방의 날개는 두껍습니다.
> 가슴도 나방이 나비보다 두껍고 통통합니다.
> 넷, 나비의 더듬이(촉각)는 가늘고 길다란 곤봉을 닮았고
> 나방의 촉각은 넓고 짧은 빗 모양입니다.
> 다섯, 나비는 꽃을 찾아 날아다니고 나방은 불을 보고 달려듭니다.

그래요, 그것도 좀 이상하죠? 나방은 왜 불을 보고 덤벼들까. 더구나 덤벼들다가 타 죽으면서 말이에요.

> 나방의 눈에는 '홍채'라는 세포가 있습니다.
> 이 홍채 속에는 아주 작은 색소 알갱이가 있는데,
> 이것이 낮에는 아래쪽에 모아지고 밤에는 위쪽에 모아집니다.
> 이런 눈의 기능으로 나방은 밤눈이 밝습니다.
> 즉 나방은 이 색소 알갱이의 도움으로 밝은 빛을 찾아가는 것입니다.

하지만 무슨 짓을 하려고 달려드는지는 아무도 모른답니다. 어떤 과학자들은 짝을 만나기 위해서라고 말하기도 하는데, 직접 물어 보기 전에는 정답을 알 수가 없어요.

나방
전 세계적으로 2만 종이 있는 나방은 밤에 불빛을 보고 달려드는데 특히 흐리고 기온이 높은 날 많이 몰려든다. 기온이 낮고 바람이 불면 잘 나타나지 않는다. 그러나 나방 중에도 낮에 활동하는 나방도 있다. 이런 녀석들은 나비처럼 꿀을 빨아먹고 산다.

2 내가 왜 빛을 내는지 알아? - 반딧불이

螢雪之功(형설지공)!

모르는 한자가 나오니까 가슴이 철렁했겠군요. 하지만 이런 글자 알아두면 얼마나 폼 나는데요.

'螢'은 '개똥벌레 형', '雪'은 '눈 설', '之'는 '갈 지', '功'은 '공로 공'.

뜻은 개똥벌레와 눈과 함께 하는 노력. 즉 갖은 고생을 하면서도 꾸준

하게 공부하는 노력을 말합니다. 그래서 어려운 환경과 조건에도 굴복하지 않고 노력하는 사람들에게 이 말을 쓰는 거예요.

그런데 누가 이런 어려운 말을 만들어냈을까? 그리고 이 말과 반딧불이는 무슨 관계가 있다는 것일까. 아직 눈치 못 챘어요? 개똥벌레가 반딧불이를 말한다는 걸 말이에요.

이 말을 만들어내게 한 사람은 오랜 옛날 중국의 진나라 사람 차윤(車胤)이에요.

차윤은 어릴 때부터 공손하고 특히 책읽기를 좋아했어요. 낮이건 밤이건, 밥 먹을 때나 응가할 때에도 책을 손에서 놓지 않았다니까 책벌레였겠죠. 그런데 이 책벌레, 아니 차윤의 집은 몹시 가난해서 밤에 등잔불을 켤 수 없는 때가 많았어요. 등잔을 켤 기름을 살 수 없었기 때문이었죠.

'에라, 이 핑계로 잠이나 자자!'

우리라면 이랬을 거예요. 그렇지만 차윤은 어떻게든 밤에도 책을 읽고 싶었죠. 그래서 차윤은 어느 날 밤, 숲으로 가서 반딧불이를 잡았어요. 수십, 아니 수백 마리였을 거예요. 차윤은 잡은 반딧불이를 얇은 비단 주머니에 넣어 가지고 집으로 돌아왔어요. 그리고 반딧불이가 든 비단 주머니를 책상 앞에 매달았어요. 그러자 비단 주머니에서 빛이 났어요. 깜깜해서 보이지 않던 글자들이 훤하게 눈에 들어왔죠. 수백 마리의 반딧불이가 반짝거렸기 때문이에요.

이렇게 차윤은 어렵게 공부를 했고 그 덕분에 뒷날 큰 벼슬을 할 수 있었어요. 형설지공은 이래서 나온 말이죠.

그런데 정말 반딧불이는 어떻게 빛을 낼까요?

> 반딧불이는 몸 속에 '루시페린'이라는 물질과 '루시파라제'라는 물질을 가지고 있습니다. 반딧불이는 우선 루시페린이라는 물질을 숨쉬면서 빨아들인 산소와 섞어 버립니다. 그러면 화학 반응이 일어나서 빛을 낼 수 있게 됩니다. 그러나 또다른 물질 루시파라제의 도움 없이는 빛을 낼 수 없습니다. 말하자면 루시파라제는 촉매제라고 할 수 있습니다.

 그래도 의문은 풀리지 않아요. 반딧불이가 왜 빛을 내는지 말이에요.
 반딧불이가 빛을 내는 이유는 우선 저희들끼리의 대화를 나누는 것이라 할 수 있죠. 즉 빛으로 신호를 보내서 짝을 찾기 위한 거예요.
 "나 여기에 있으니까, 이리 와라!"

반딧불이

반딧불이의 애벌레는 약 9개월 동안 물 속에서 생활한다. 애벌레가 되면 물 속의 다슬기와 같은 것들을 먹고 자란다. 이 때 애벌레는 윗턱으로 다슬기를 공격하여 마취시킨 뒤 잡아먹는다. 그러나 지금은 애벌레가 살 만한 깨끗한 물이 많지 않아서 시내에서는 반딧불이를 보기가 힘들다.

반딧불이는 종류와 습성에 따라서 서로 다르게 빛을 낸다. 가령 파파리반딧불이의 수컷은 황색에 가까운 빛을 약 1초에 한 번씩 깜박거린다. 또한 늦가을에 나타나는 반딧불이는 수컷끼리 무리 지어 다니며 암컷을 찾는다. 대체로 암컷의 날개는 퇴화되어 날지 못한다. 이 때 암컷은 냄새로 수컷을 유인한다.

  뭐, 이런 정도의 뜻이 되겠죠. 은녀가 금동이를 찾아 나섰던 것처럼 말이에요. 은녀와 금동이가 누구냐구요? 바로 이 이야기의 주인공이죠.
  오랜 옛날 깊은 산 속에 서로 친하게 지내는 친구 두 사람이 있었죠. 둘에게는 각각 금동이라는 아들과 은녀라는 딸이 있었는데 친구 둘은 먼 훗날 아이들이 자라면 혼인을 시키기로 했어요.

그런데 어처구니없는 일이 일어나고 말았어요. 두 아이가 열다섯 살이 되던 어느 날, 금동이가 땔나무를 하겠다고 산 속으로 들어가더니 돌아오지 않는 거예요. 두 아이의 부모들은 물론이고 은녀까지 금동이를 찾아 나섰죠.

그러나 아무리 산 속을 뒤져도 금동이의 모습은 보이지 않았어요. 그래도 은녀는 포기하지 않았지요. 어떤 일이 있어도 금동이를 찾고야 말겠다고 다짐하면서 더 깊고 깊은 산 속으로 들어갔어요. 그러다가 마침내 은녀는 안타깝게도 세상을 떠나고 말았어요.

그러나 은녀는 세상을 떠난 후에도 한 마리의 벌레로 변해 금동이를 찾아 숲을 돌아다녔어요. 금동이야말로 하늘이 자신에게 내려 준 짝이라 믿었거든요. 그래서 한밤중에도 불을 밝히며 자기 짝 금동이를 찾아서 숲을

헤매고 다녔죠. 바로 이 벌레가 반딧불이였어요.

그리고 또 하나의 이유는 자기 스스로를 지키기 위한 거예요. 밤에 돌아다니는 곤충이나 짐승들 중에는 빛을 싫어하는 짐승들이 많아요. 그래서 빛을 내면 가까이 다가오려던 곤충들이 놀라서 도망을 가게 되죠.

이런 곤충 저런 곤충 – 새를 죽이는 곤충 <가뢰>

가뢰를 먹은 새는 죽는다!

이 말은 공연한 헛소문이거나 전설이 아니에요. 새들은 웬만한 곤충은 다 잡아먹지만 이 녀석에게는 손도 안 댑니다. 이유는 이 녀석의 몸 속에 독이 가득하기 때문이에요. 그래서 이 곤충을 잡아먹은 새들도 죽고 말지요. 말하자면 이 녀석은 살아 있는 독약이라 할까요.

왜 그럴까요? 예를 들어 애남가뢰라는 녀석은 식성이 별나서 항상 독초(독이 있는 풀)만 먹기 때문입니다. 그러니 녀석의 몸이 온통 독투성이일 수밖에 없는 거예요. 그래서 가뢰는 적이 공격할 때 관절에서 '칸타리딘'이라는 독극물을 내뿜어 적을 공격해요.

하지만 개똥도 약으로 쓴다죠? 녀석

가뢰
애남가뢰는 흑청색을 띠고 있다. 이따금 남색의 광택이 나는 것도 있다. 몸의 길이는 약 8-20밀리미터이다.

도 사람에게는 아주 쓸모가 있는 녀석이에요. 약으로 쓰이거든요. 특히 요즘에는 피부병의 치료약으로 개발되고 있대요. 하지만 그렇다고 덜컥 맨손으로 잡으면 절대 안 됩니다. 워낙 독성이 강한 녀석이어서 맨손으로 잡았다가는 금방 손이 붓고 화끈거리거든요. 불에 덴 것처럼 말이에요.

이런 곤충 저런 곤충   –   겨울에는 곤충, 여름에는 풀 <동충하초>

冬蟲夏草(동충하초). 어려운 한자가 나왔다고 긴장하지 마세요. '冬'은 '겨울 동', '蟲'은 '벌레 충', '夏'는 '여름 하', '草'는 '풀 초'. 말 그대로, '겨울에는 벌레(곤충) 여름에는 풀'이라는 뜻이랍니다. 그런데 이런 괴상한 녀석이 진짜 있을까요? 정확히 말하자면, 이 녀석은 곤충의 몸에서 기생하는 이상한 버섯이에요. 우리 몸에 사는 기생충처럼 말이에요.

동충하초의 균은 숲 속의 그늘지고 습기가 많은 곳에서 주로 살아요. 녀석들은 공기 중에 떠돌다가 봄과 가을 사이에 곤충들의 호흡기나 소화기를 통해서 몸 안으로 들어가요. 그리고는 그 곤충의 몸 안에서 곤충의 몸을 영양분으로 삼아 자라기 시작합니다. 이 때부터 동충하초의 균(곰팡이)이 곤충의 몸 전체에 퍼지게 되는 거죠.

동충하초
동충하초는 세계적으로 약 300종이 넘으며 우리 나라에도 20종 이상의 동충하초가 산다. 동충하초가 어떤 곤충의 몸에 기생하느냐에 따라, 벌동충하초, 풍뎅이동충하초, 잠자리동충하초, 거미동충하초 등으로 부른다. 동충하초는 곤충의 어른 벌레만이 아니라 애벌레나 번데기에서도 자랄 수 있다.

결국 시간이 지나면 곤충은 죽고 동충하초만 살아남게 됩니다. 이렇게 자란 동충하초는 흰색, 오렌지색, 붉은색 등 그 색깔이 매우 화려한데, 우리 몸에 좋다고 알려져 있어서 요즘에는 직접 키우기도 해요. 특히 암의 해독제로 쓰인다니 정말 신기하죠? 운동 선수들도 체력을 보강하기 위해 많이 먹는대요. 곤충만 불쌍하군요.

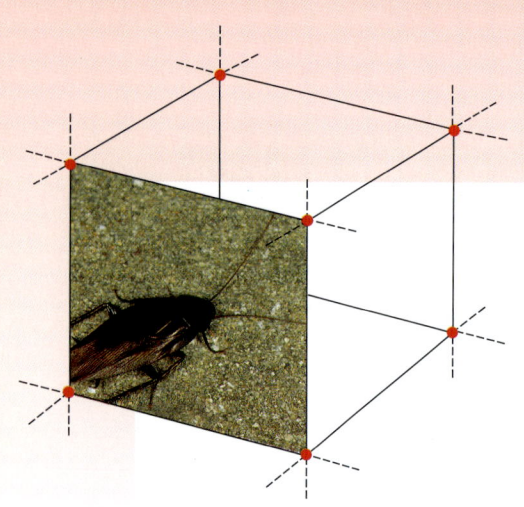

11. 엄마가 가장 싫어하는 곤충, 바퀴벌레

1 바퀴벌레는 돈벌레

또 엉뚱하다고 그럴지 모르지만 이런 말이 있대요.
바퀴벌레는 돈 많은 집에만 산다!
첫눈에 보아도 거짓말이라구요? 하긴 우리 집은 부자도 아닌데 구석구석에 바퀴벌레가 살고 있거든요. 장롱 옆 구석이며 싱크대 밑, 어떤 간 큰 녀석은 머리맡으로도 지나가던데 말이에요.
그런데 우리 엄마 아빠의 어린 시절에는 이 말이 틀린 말이 아니었답니다. 정말로 부잣집에만 사는 벌레였대요. 그래서 바퀴벌레를 '돈벌레'라고 부르기까지 했거든요. 더 희한한 일은 집에 바퀴벌레가 돌아다녀도 죽이지 않았다는 것입니다. 왜냐구요? '돈을 물어 오는 벌레'라고 믿었기 때문이죠. 혹시라도 징그러워서 두꺼운 책으로 찍익 눌러서 죽이면 어른들한테 꿀밤 세 대 정도는 맞아야 했어요. 집 안으로 굴러 들어오는 복을

차 버렸다는 거죠.

 말도 안 된다구요? 믿기 어렵겠지만 틀림없는 사실이에요. 물론 그럴 만한 이유가 있겠죠?

 당연하죠. 바퀴벌레는 따뜻한 곳에서만 살거든요. 지금은 웬만하면 겨울에도 난방을 해서 따뜻하지만 예전에는 돈이 많은 집이라야 겨울을 따뜻하게 보낼 수 있었잖아요. 그러니까 따뜻한 것을 좋아하는 바퀴벌레가 부잣집만 찾아다니는 것은 당연한 일 아니겠어요?

 그러고 보니 집 안에 바퀴벌레를 없애는 간단한 방법이 있군요. 한겨울에도 집 안을 아주 춥게 만드는 거예요. 고드름이 달릴 정도로 말이에요. 농담처럼 들리죠? 아니에요. 바퀴벌레는 워낙 번식력이 뛰어난데다가 핵폭탄에도 안 죽어요. 만약 핵전쟁이 일어나 인류가 멸망하고 지구상의 모든 동식물이 다 죽어도 40% 이상이 살아남을 수 있답니다. 실제로 실험한 과학자들이 있었는데 사람이 죽을 수 있는 방사선의 50배 이상을 쬐어도 살아남았대요.

바퀴벌레를 흔적도 없이 전멸시킬 수 있는 유일한 방법은 바로 낮은 기온이에요. 지금 당장이라도 바퀴벌레를 잡아서 시험해 보세요. 녀석을 잡아 작은 상자에 넣고 추운 바깥에, 혹은 냉장고에 10분만 넣어 둬 보세요. 약을 뿌려도 잘 안 죽는 그 녀석들이 금새 시들해져서 꼬로록거리고 있을 거예요.

그래도 추운 건 싫다구요? 바퀴벌레가 온갖 전염병을 옮기는데도 추위를 참을 수 없단 말인가요?

바퀴벌레가 옮기는 가장 일반적인 병은 앨러지입니다. 그래서 오래도록 바퀴벌레와 친하게 같은 곳에서 살다 보면 비염에 걸리기 쉽고, 또 기관지까지 안 좋아져서 호흡이 가빠지는 증상까지 나타날 수 있다는군요. 뿐만 아니라 녀석들의 껍질이 피부에 닿으면 빨갛게 부풀어오르고 뾰두라지도 생겨요.

이 정도야 참을 수 있다고 해도 식중독은 못 참을 거예요. 녀석들은 식중독을 일으키는 '살모넬라균'을 가지고 있단 말이에요. 이 녀석들이 부엌을 돌아다니다가 젓가락이나 도마, 혹은 그릇 같은 것을 밟고 지나가는 거죠. 그리고 그 젓가락으로 밥을 먹으면 식중독을 일으키게 되는 거랍니다.

아직도 추운 것을 걱정하는 사람들이 있나요?

좋아요. 그렇다면 이 방법을 써 보세요. 우리 집에서 쓰는 세제를 바퀴

집바퀴
바퀴벌레는 전세계에 3,500 종류 이상이 있고, 우리 나라에는 8종류가 살고 있다. 특히 따뜻한 남부 지방에 많이 사는데, 요즘에는 이삿짐에 묻어 다니며 북쪽으로 세력권을 넓혀 가고 있다. 바퀴벌레가 부엌 쪽에 많이 돌아다니는 이유는 먹을 것이 많기 때문이다.

가 잘 다니는 곳에 뿌려 두는 거예요. 왜냐구요?

바퀴벌레는 목욕을 싫어하는 아주 구질구질한 녀석이에요. 물을 싫어하죠. 그래서 바퀴벌레의 표면은 물이 스며들지 않게 얇은 막이 있어요. 즉 이 막만 벗겨 내면 물을 견디지 못해 금방 죽고 말 거예요. 그렇다면 어떻게 일일이 녀석들의 얇은 막을 벗길까요? 한 녀석씩 잡아서 그렇게 할 바에야 아예 살충제를 뿌리죠. 하지만 살충제는 사람의 몸에도 해롭잖아요.

그러나 간단한 방법이 있어요. 가정용 세제를 물에 타서 뿌려 놓으면 이 막이 벗겨집니다. 세제 속에 이 막을 벗겨 버리는 성분이 들어 있거든요. 엄마에게 지금 당장 말해 두세요.

또 다른 방법은 집을 깨끗하게 하는 거예요. 이 녀석들은 먹다가 남긴 사람들의 음식, 흘린 밥찌꺼기는 물론이고, 깎다가 튀어서 구석으로 날아간 발톱 조각까지 먹어 버리거든요. 그러니 항상 발톱 깎을 때도 조심하고 빵 먹다가 흘리지 않도록 신경을 써야 해요.

사실 바퀴벌레를 발견한다고 하더라도 녀석을 잡기가 쉽지 않거든요. 왜냐하면 녀석들은 아주 뛰어난 방어 수단을 갖고 있기 때문이죠. 한번 볼래요?

> 바퀴벌레는 빛을 싫어해서 환한 곳에는 잘 나타나지 않습니다.
> 그러나 어둠 속에서는 매우 빠르고 민첩하게 움직입니다.
> 바퀴벌레의 몸에는 예민한 경보 장치가 있습니다.
> 2개의 기다란 촉각과 꼬리 쪽에도 감각 기관을 가지고 있습니다.
> 특히 '촉모'라고도 하는 이 감각 기관은 가느다란 털로 덮여 있어서
> 주변의 아주 미세한 움직임에도 민감하게 반응합니다.
> 가령 사람이 다가갈 때 흐르는 공기의 움직임까지 느낄 정도입니다.
> 특히 위험을 감지하면 1/20초도 지나기 전에 재빠르게 도망갑니다.

그래요. 실제로 바퀴벌레는 1초에 25번의 방향 전환이 가능하고 1초에 1미터를 내달릴 수 있답니다. 이 정도의 속도는 사람이 한 시간에 150킬로미터를 갈 수 있는 속도죠. 서울에서 대전까지 고속 버스보다 빨리 달릴 수 있다는 계산이 나오네요.

역시 녀석을 잡으려면 살충제밖에 없다구요?

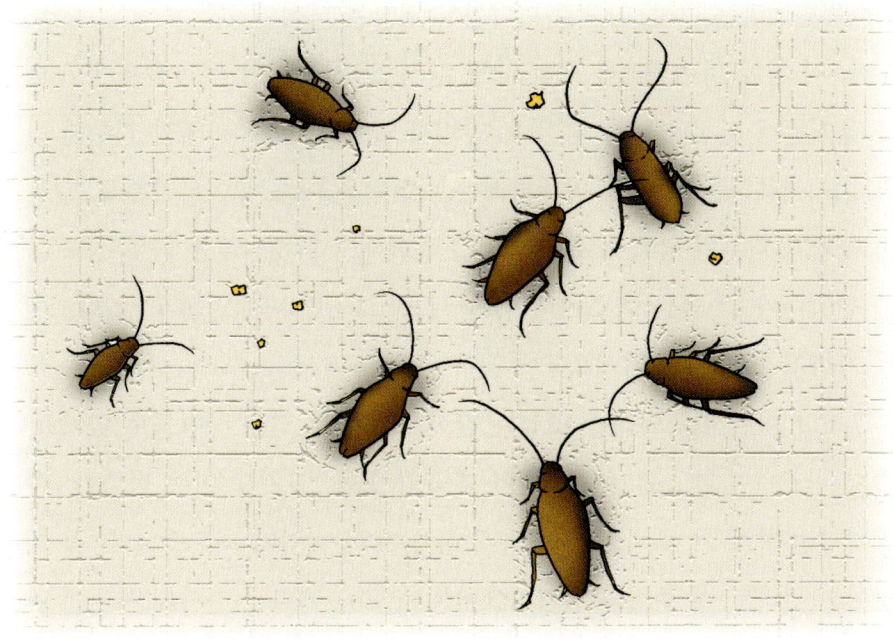

바퀴벌레
바퀴벌레는 화학 물질(페로몬)을 뿜어 다른 동료와 의사 소통을 한다. 예를 들어 동료들에게 먹이가 있는 장소를 알릴 때 페로몬을 이용한다. 또한 이 화학 물질을 적게 뿜어 상대를 무력화시키는 역할도 한다. 바퀴가 우글대는 곳에 곰팡이 냄새와 비슷한 냄새가 나곤 하는데 바로 이 화학 물질 때문이다. 암컷 바퀴벌레는 자기의 알을 부화될 때까지 알주머니에 넣고 다니기도 하며 일부는 깊숙한 곳에 숨겨 두기도 한다.

좋아요. 그렇다면 할 수 없지만 이것 한 가지만은 분명히 알아 두세요. 살충제로 바퀴를 잡으려면 반드시 단 한 번에 죽여야 한다는 것! 왜냐하면 녀석들은 기억하는 능력이 있어서 혹시라도 살충제를 먹은 뒤에 살아남게 되면 그 다음부터는 살충제 냄새가 조금이라도 나는 곳에는 얼씬도 하지 않거든요.

바퀴벌레라는 녀석, 참으로 까다롭고 귀찮은 녀석이죠?

아, 이 참에 바퀴벌레를 쫓는 깜짝 상식 하나! 바퀴벌레는 화초에도 병을 옮기는데 이것을 막을 수 있는 방법이 있어요. 바로 아빠가 피우다 만 담배를 이용하는 거예요. 바퀴벌레는 니코틴을 아주 싫어하거든요. 그래서 아빠가 피우던 담배 꽁초의 종이를 뜯어내고 담뱃가루를 하루 정도 물에 담갔다가 그 물을 화초에 부어 주세요. 그러면 바퀴벌레가 그 화초에는 가까이 오지 않을 거예요.

그러나 이런 바퀴벌레를 맛있는 간식으로 즐겨 먹는 사람들도 있어요. 벌써부터 속이 메스껍기는 하지만 태국의 방콕, 그것도 아주 번화한 '쑤쿰윗 4번가'로 가 보세요. 바퀴벌레 볶음 요리가 인기 최고랍니다. 꼭 이곳이 아니라도 이 주위의 길거리에서는 네모난 커다란 철판에 시커먼 바퀴벌레들이 온갖 양념을 뒤집어쓰고 있다는군요. 헉!

이런 곤충 저런 곤충 – 벼룩은 얼마나 높이 뛸 수 있을까?

벼룩은 얼마나 높이, 그리고 얼마나 멀리까지 뛸 수 있을까? 우선 한 번 뛸 때마다 벼룩은 30센티미터를 뛸 수 있습니다. 최고 기록은 수컷이 40센티미터 이상을 뛰었답니다. 또 자기 몸 길이의 200배 이상 높이 뛰어 오를 수도 있죠. 그 이유가 뭐냐구요?

물론 근육이 잘 발달된 뒷다리 덕분입니다. 뿐만 아니라 뒷다리에는 '레질린' 이라는 단백질이 들어 있는데, 이것은 아주 탄력이 좋대요. 즉 벼룩은 한 번 뛰려고 할 때 우선 앞의 다리들을 오므리고 준비 자세를 취해요. 그러면 자연스럽게 뒷다리의 레질린이 압축됩니다. 그런 뒤에 일시에 근육이 작동되어 뛰어오르는 거랍니다. 말하자면 근육의 힘과 단백질인 레질린의 도움을 받아서 높이까지 뛰어오를 수 있는 것입니다.

그래서 예전에는 이 벼룩으로 서커스를 벌이기도 했대요. 벼룩의 머리와 앞가슴 사이를 가느다란 철사로 묶어서 달아나지 못하게 한 다음, 높이뛰기, 그물 건너기, 줄 맞추어 행진하기 등을 시키고 그것을 확대경으로 보았다는데 아주 인기가

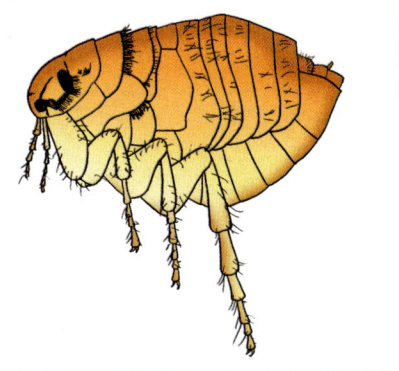

벼룩

벼룩은 사람의 몸에 산다. 개벼룩은 개에 기생하고, 고양이벼룩은 고양이에 기생한다. 이 외에 쥐벼룩 등이 있는데, 특히 쥐벼룩은 쥐에 기생하다가 사람에게 옮아와 페스트와 같은 전염병이 걸리게 한다. 수명도 길어서 500일까지 살며 전세계에 2천 종류 이상이 있다고 한다. 주로 어두운 곳에 살며 눈이 완전히 퇴화되어 앞을 보지 못하는 것도 있다.

좋았답니다. 특히 영국의 런던을 비롯해서 유럽의 여러 나라에는 벼룩 서커스 전용 극장까지 있었다니 볼 만했을 거예요.

그러나 웃고 즐길 일만은 아니에요. 벼룩은 사람의 피를 빨아먹기도 하고 전염병을 옮기기도 하거든요. 한 번 물리기만 해도 얼마나 가려운지 몰라요.

12. 내 몸은 내가 지킨다, 잎벌레와 대벌레, 노린재

1 나는 똥을 업고 산다 - 잎벌레

크기는 제각각, 색깔은 천차만별, 모양은 들쭉날쭉.

잎벌레란 녀석은 한마디로 이렇습니다. 작은 녀석은 1밀리미터도 안 되는 게 있는가 하면 큰 녀석은 35밀리미터가 넘기도 하죠. 가시큰다리잎벌레는 온통 검정색, 백합긴가슴잎벌레는 갈색입니다. 또 열점박이별잎벌레는 노란 몸통에 검은 점이 10개! 언뜻 보면 무당벌레처럼 보이기도 해요. 그런가 하면 고려긴가슴잎벌레는 머리만 갈색이고 몸통은 검은색인데, 황갈색잎벌레는 반대로 머리가 검정색이고 몸통이 황갈색이에요. 모양도 볼 만합니다. 납작한 녀석도 있고 길쭉한 녀석은 물론이고 원통 모양으로 생긴 녀석도 있죠.

하지만 정작 볼 만한 건 녀석들의 똥이에요. 잎벌레 무리들은 태어날 때부터 똥이랑 아주 친하거든요.

우리는 모두 잎벌레

어미는 알을 낳자마자 껍데기에 똥칠을 해요. 아, 어떤 녀석은 아예 똥으로 알을 뒤덮어 버린 뒤에 땅에 떨어뜨려요. 더 웃기는 건 알에서 깨어난 애벌레란 녀석들이죠. 이 녀석들은 어미가 알에 발라 놓은 똥을 업고 다닌다는 거예요. 녀석들의 몸에선 항상 화장실 냄새가 날 거예요.

하지만 이런 녀석들은 덜한 편이죠. 몇 녀석들은 자기 똥까지 동원해서 아예 그걸로 집을 짓죠. 그리고 누군가가 공격하려 들면 그 속으로 몸을 숨겨요. 그러면 얼핏 메뚜기 똥처럼 보인다나 어쩐다나! 잘못을 저지르고 화장실로 숨는 우리 모습이랑 비슷하군요.

그러나 괜히 똥을 좋아하는 건 아니에요. 벌써 눈치를 챘는지 모르지만 그만한 이유가 있죠.

물론 똥만이 잎벌레 무리들을 보호해 주는 것은 아니에요. 청잎벌레 무리들은 지독한 냄새가 나는 물질을 뿜어대며 천적으로부터 자신을 지키고, 어떤 녀석은 또 죽은 척한답니다.

이파리에 붙어 있다가 적이 공격해 오면 발을 안으로 움츠리고 돌멩이처럼 아래로 뚝 떨어지는 거예요.

　벼룩잎벌레 녀석들은 이름처럼 벼룩 같아요. 천적이 공격할라치면 톡 튀어서 재빨리 도망가요. 이 때 뛰어오르는 거리가 자기 몸의 백 배나 된다는군요. 이렇게 독특한 방법으로 자기 자신을 보호하는 곤충은 많지 않을 거예요.

> 잎벌레 무리들이 알에 똥을 바르는 이유는 우선 천적으로부터 알을 보호하기 위해서이고, 또 알이 말라서 못 쓰게 되는 것을 막기 위해서입니다. 애벌레들이 똥을 업고 다니는 이유도 마찬가지라 할 수 있습니다. 예를 들어 남생이잎벌레 무리의 애벌레는 똥꼬가 긴 빨대처럼 되어 있어서 똥을 제 등에 씁니다. 그러면 똥으로 자신의 몸을 위장할 수 있게 되는 것입니다.
> 뿐만 아니라 똥은 냄새가 나기 마련이어서 천적이 가까이 오지 못하게 하는 역할도 할 수 있습니다.

② 내가 나뭇가지일까, 곤충일까? - 대벌레

stick insect.

　이것이 바로 대벌레의 영어 이름이에요. 그런데 처음부터 영어 이름이 나오는 것을 보니 이 녀석도 만만치 않은 녀석인 것 같군요. 하지만 긴장할 것 없어요. 영어 이름을 알면 오히려 대벌레란 녀석의 정체를 단숨에 알아챌 수 있거든요. 'stick'은 '지팡이'란 뜻이고, 'insect'는 '곤충'이란 뜻이랍니다. 그러니까 곧이곧대로 해석하면 '지팡이벌레'죠.

생긴 모습이 마치 지팡이를 닮았기 때문이에요. 하지만 더 정확히 말하자면 대벌레는 풀잎의 가지와 흡사해요. 기다란 생김새는 물론이고 몸 색깔도 초록색이구요. 그래서 한낮에도 이 녀석을 찾기란 보통 일이 아니에요. 마치 어려운 숨은 그림 찾기를 한다고 생각하면 돼요.

그렇다면 대벌레는 왜 이렇게 생겨 먹었을까요?

사실 대벌레뿐만이 아니라 모든 짐승들, 특히 곤충들은 자신이 살아가는 데에 아주 적합한 모습으로 진화하거든요. 말하자면 대벌레가 그런 모양이 된 건 그만한 이유가 있다는 거죠. 물론 적을 피하기 위해서예요. 특히 대벌레를 잡아먹는 새들은 대벌레가 풀잎 옆에 슬쩍 붙어 있으면 풀잎

가지인 줄 알고 그냥 지나가 버린다구요. 더구나 이 녀석들은 한낮에는 움직이지 않기 때문에 사람들도 이 녀석을 발견하기가 쉽지 않아요.

이렇게 자신의 몸을 주변의 사물과 비슷하게 만들어 자신의 몸을 보호하는 것을 '의태' 라고 합니다.

그런데 이 녀석들의 의태는 알에서부터 시작돼요.

> 대벌레 무리들은 2밀리미터 정도밖에 안 되는 알들을 일단 나무에 낳습니다. 그런 뒤에 땅바닥에 흩뿌립니다.
> 이 때 알의 개수는 10개 이상입니다.
> 이 알들은 땅에 떨어져 낙엽이나 풀 속에 감추어집니다.
> 더구나 대벌레의 알들은 식물의 씨앗과 비슷해서
> 땅에서 대벌레의 알을 구분하기 힘듭니다.

게다가 대벌레는 도마뱀을 닮았어요. 생긴 모습이 그렇다는 건 아니구요. 도마뱀은 꼬리가 잘리면 다시 꼬리가 자라나잖아요. 대벌레도 그렇거든요. 대벌레는 다리가 잘리면 다시 자라납니다. 이것 역시 몸을 보호하는 방법 중의 하나라 할 수 있죠.

하지만 그렇다고 대벌레에게 위험이 사라진 것은 아니에요.

대벌레의 가장 큰 위험은 허물벗기(탈피)를 할 때입니다. 녀석들은 땅에서 자라다가 점차로 나뭇가지로 옮겨 가는데 허물을 벗을 때가 되면 뒷다리로 나뭇가지를 잡고 물구나무를 섭니다. 그러나 이 때 만약 몸이 다른 물체에 닿으면 허물을 벗지 못해 죽고 말아요. 왜냐하면 대벌레는 허물을 벗을 때 중력을 이용하거든요. 중력이 무엇인지는 다 알죠? 지구의 중심이 끌어당기는 힘 말이에요.

대벌레

대벌레는 전세계에 2,500여 종류가 살고 있으며 우리 나라에는 5종류 정도가 살고 있다. 이들 중에서 날개대벌레와 분홍날개대벌레는 날 수 있으며 나머지 종류는 날개가 퇴화하여 날 수 없다. 또한 대벌레는 수컷은 없고 암컷만이 산다고 하는데, 즉 암컷이 짝짓기를 하지 않고 혼자서 알을 낳는다고 한다.

③ 방귀 향수를 발사하라 - 노린재

방귀가 향수라고?

그렇다면 비싼 향수를 사다가 뿌릴 필요 없이 방귀를 잘 모아 두었다가 온몸에 뿌릴까요? 오늘은 내 방귀 뿌리고 내일은 동생 방귀를 뿌리고 다음 주에는 엄마 방귀를 뿌려 봅시다. 아, 사람의 방귀는 아니라구요?

노린재나 사람이나 방귀는 다 같은 것 아닌가요? 음, 아니라는군요. 노린재라는 녀석의 방귀에는 진짜 향수를 만드는 재료가 있다네요. 프랑스에서 그랬대요. 노린재는 무당벌레처럼 자기가 위험할 때 엉덩이에서 아주 요상한 냄새가 나는 물질을 내보내요. 그런데 이 때 냄새가 옅으면 무척 향기로운 냄새가 나서 이것으로 향수를 만든 적이 있었답니다. 그렇지만 아주 진하게 냄새를 내뿜을 때는 그러지 못해요. 너무 구리구리 해서 아주 퀴퀴한 냄새가 난다니까 아무 때나 향수로 쓸 수 있는 건 아니에요. 더구나 사람의 방귀는 아무 때나 냄새가 심하기 때문에 향수로 쓰기에는 좀 그렇겠죠?

그래요. 노린재는 바로 이 냄새로 자신을 지킵니다.

> 노린재의 어른 벌레는 뒷가슴 쪽에 나 있는 냄새샘에서 냄새가 나는 물질을 분비합니다. 특히 분비물이 나오는 방출구는 오른쪽과 왼쪽에 각각 한 개씩이 있어서 앞뒤는 물론이고 양 옆 어느 쪽으로든지 자유롭게 냄새를 방출할 수가 있습니다. 이 냄새나는 액체를 취액이라고 하는데, 이 취액은 노린재의 종류에 따라 다릅니다. 특히 냄새샘 주변은 표면이 오돌토돌하게 되어 있는데 이것은 냄새가 사방으로 퍼지도록 하는 구실을 합니다.

특히 노린재의 냄새는 개미나 쌍살벌과 같은 녀석들의 공격에 효과가

노린재

노린재는 세계적으로 35,000종류가 된다. 우리 나라에만도 약 500 종류의 노린재 무리들이 살고 있다. 대체로 녹색과 다갈색이 많은데 이것 역시 다른 천적으로부터 자신을 보호하기 위한 보호색이라 할 수 있다. 두 쌍의 날개를 가지고 있으며 뒷날개는 정지하고 있을 때에는 앞날개 밑에 감춘다.

그만이에요. 솔직히 새처럼 좀 덩치가 큰 녀석들에게는 별로 효과가 없지만 개미와 같은 녀석들은 냄새만 맡고도 줄행랑을 놓고 말지요. 오죽하면 이 녀석의 별명이 '방귀벌레'일라구요.

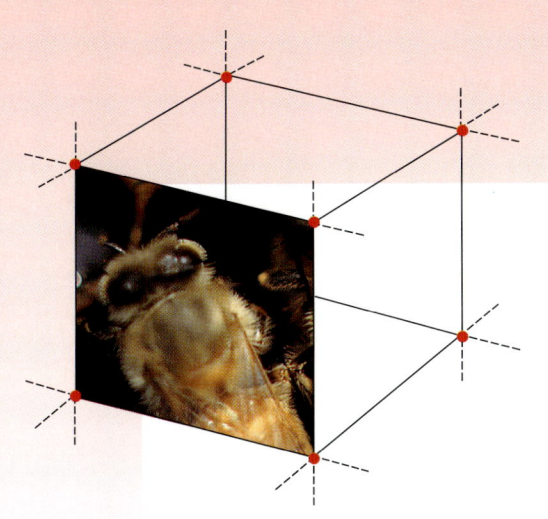

13. 댄스 댄스 댄스, 벌의 수수께끼

1 수수께끼 · 하나 – 벌은 왜 춤을 출까?

댄스 댄스 댄스……. 왜 이런 제목을 붙여 놓았는지 궁금할 거예요. 하지만 어렵게 생각할 건 없어요. 벌은 수많은 곤충들 중에서 최고의 춤꾼

이니까요.

무슨 춤이냐구요?

바로 통아저씨 춤!

뭐, 어떤 사람들은 하와이의 훌라춤과 흡사하다고 하지만 엉덩이만 삐죽 내밀고 냅다 앞뒤로 치고 돌리는 모습이 영락없이 통아저씨라구요.

상상이 안 된다구요? 그렇다면 벌이 꿀을 따러 날아갈 때 쫓아가 보세요. 멋진 댄스 경연 대회를 볼 수가 있을 테니까요.

그래요. 벌은 아무 때나 춤을 추는 게 아니고 바로 꿀을 발견했을 때에만 춤을 춰요. 꿀이 있는 위치를 자기 동료들에게 정확히 알려 주기 위해서죠. 그 때문에 녀석들의 춤에는 일정한 규칙과 리듬이 있어요. 또 태양도 아주 중요한 관계가 있구요.

이렇게 해서 꿀을 찾아내면 벌은 열심히 꿀을 빨아 꿀주머니에 넣고 집으로 돌아옵니다. 그런 뒤에 한 군데에 차곡차곡 모으는 거죠.

> 만약 꿀이 많은 꽃들이 집 가까운 곳에 있으면 벌은 커다란 원을 그리며 춤을 춥니다. 또한 꿀이 먼 곳에 있으면 8자형을 그리며 춤을 춥니다. 이 때 엉덩이를 흔드는데, 엉덩이를 흔드는 속도가 빠르면 꽃이 가까이 있음을 알려 주는 것입니다. 반대로 엉덩이 흔드는 속도가 느리면 꽃이 멀리 있다는 뜻이 됩니다. 또한 방향도 알려 주는데, 예를 들어 꽃이 태양의 오른쪽 60도 방향에 있으면 오른쪽 60도 방향을 향해 8자형을 그리며 춤을 춘답니다.

꿀벌

꿀벌들은 어떻게 꿀을 만들까? 우선 일벌이 꿀을 모아 오면 집에 남아 있던 일벌들이 그 꿀을 받아 꿀 창고에 저장한다. 그런 뒤에 꿀 창고에서 꿀은 벌집의 열과 바람에 의해서 수분이 증발하고 끈적한 꿀이 된다. 꿀이 그토록 단 이유는 일벌의 입에서 나오는 침이 화학 작용을 일으키기 때문이다.

② 수수께끼·둘 – 벌은 여자를 쏘지 않는다?

벌에 쏘였을 때에는 오줌을 발라라!

우웩! 지린내 나게 무슨 말인지 모르겠군요. 하지만 정말로 옛날 사람들은 벌에게 쏘이면 오줌을 발랐어요. 벌의 침에는 독이 있는데 오줌이 그 독으로 부풀어 오른 곳을 가라앉혀 준다고 믿었기 때문이에요. 과연 그럴까요?

벌의 침에는 여러 가지 물질이 묻어 있어요. 그 중에서도 특히 '블라디기닌'이라는 물질이 포함되어 있는데 이것이 독을 일으키는 원인이랍니다. 즉 이 물질이 사람의 몸에 들어가면 혈압을 떨어뜨리고 근육에 자극을 주어서 붓고 아픔을 느끼게 되는 것이죠.

그렇다면 오줌이 독을 없애 주는 것일까요?

그럴 리는 없구요. 벌에게 쏘였을 때 가장 좋은 방법은 재빨리 독을 빨아 내는 것입니다. 다만 오줌을 바르는 이유는 오줌 속에 들어 있는 '암모니아'라는 물질이 침에 쏘인 자리를 소독하는 구실을 하거든요. 그러니까 더럽다고 안 바르는 것보다 바르는 것이 낫겠죠. 자칫 상처가 오염되면 더 많이 아플 수도 있으니까요.

그런데 여자는 왜 벌에 쏘이지 않는다는 엉뚱한 소문이 퍼졌을까요?

아마도 침을 가지고 있는 벌이 암컷뿐이라서 그런 모양이에요. 원래 벌의 침이 알을 낳기 위한 관이 변해서 만들어진 것이기 때문에 수컷에게는 없어요. 그렇지만 벌은 남자와 여자를 구별하지 못하기 때문에 여자도 조심해야 한다구요!

무엇보다 벌에게 까불지 않으면 돼요. 공연히 벌을 화나게 하거나 꿀을 빼앗아 가면 녀석들은 반드시 달려들어요. 말릴 수도 없죠.

그리고 침은 여러 번 쏠 수 있기 때문에 한 번 물렸다고 방심하면 절대 안 돼요. 한 녀석에게 두 번, 세 번씩이나 쏘일 수 있다구요. 물론 침을 한 번 쏘고 나면 죽는 벌도 있긴 해요. 왜냐하면 침을 쏘면 뱃속의 마디가 함께 딸려 나오는 경우가 있거든요. 이 경우에는 한 번 침을 쏘고는 죽고 만답니다.

3 수수께끼·셋 – 벌은 불평등하다?

'콜로니', 영어로는 'colony'라고 씁니다.

갑자기 어려운 영어를 쓰니까 머리에 쥐나려 하죠? 콜로니는 일정한 기간 동안 한 무리의 곤충들이 제각각 할 일을 나누어 하면서 모여 사는 것을 말합니다. 개미가 콜로니를 이루어 살고 역시 벌도 어떤 녀석들은 혼자 살지만 꿀벌들은 특히 콜로니를 이루어 삽니다.

뭉치면 살고 흩어지면 죽는다!

이게 녀석들의 구호래나 뭐래나. 꿀벌들은 여왕벌과 일벌, 수벌이 각각 다른 일을 맡아 하면서 흩어지지 않고 살아갑니다.

그렇지만 벌의 세계는 불평등해요. 어떤 녀석은 일만 하다가 죽고 어떤 녀석은 매일 먹고 마시며 놀기만 하거든요.

최고의 대접을 받는 쪽은 역시 여왕벌이겠죠?

여왕벌이 하는 일이라고는 오로지 알까기! 여왕벌은 하루에 1,500개 이상의 알을 낳는대요. 그렇게 몇 번을 거듭해 모두 250,000개의 알을

> 새로 태어난 암컷들은 대부분 일벌이 됩니다.
> 갓 태어난 일벌들은 우선 열흘쯤 제 동생(유충)들을 돌보는 일을 합니다.
> 그리고 다시 또 열흘 동안 일벌들이 모아온 꿀을 한 군데 모으고
> 정리하는 일을 하게 됩니다. 그런 뒤에야 집 밖으로 나와
> 꿀을 모으는 일을 하게 됩니다. 그렇게 쉴 새 없이 일만 하다가
> 일벌들은 1년밖에는 살지 못하고 죽는답니다.

낳습니다.

그렇지만 이 정도는 아무것도 아니죠. 어떤 녀석은 죽기 전까지 무려 1,000,000개의 알을 낳는다고 하니까요. 제가 낳은 알이 몇 개인지 세기도 힘들 겁니다. 형제끼리도,

"저 녀석이 형인가, 동생인가? 우리 식구가 맞긴 맞는 건가?"
하겠죠?

그런데 참으로 알 수 없는 사실 하나! 알 하나의 무게가 약 0.5밀리그램이고 여왕벌의 몸무게가 평균 0.3그램입니다. 그렇다면 하루에 1,500개의 알을 낳는다면 여왕벌은 자신의 몸무게의 2.5배 이상의 알을 낳는다는 사실입니다. 이것이 가능한 일일까요?

그런데 여왕벌이 남부럽지 않은 녀석들도 있습니다. 바로 수벌이죠. 녀

석들은 오로지 짝짓기만 하고 매일 먹고, 마시고 떠들며 놀기만 합니다. 생각 같아서는 쫓아내고 싶지만 알을 낳으려면 짝짓기를 해야 되니까 이러지도 저러지도 못하죠.

가장 불쌍한 녀석들이 바로 일벌이에요. 일개미처럼 일벌도 오로지 일만 합니다. 불평등하기 이를 데 없는데, 더더욱 참을 수 없는 사실은 일벌들 모두가 암컷이라는 것이에요.

꿀벌
꿀벌은 꿀을 옮겨 오기 위한 꿀주머니가 발달해 있다. 꽁무니에는 독이 나오는 침이 있고 꽃가루를 운반하는 털주머니도 있다. 꿀벌은 가을에도 흩어지지 않고 겨울이 되면 집을 바람이 통하지 않게 막은 뒤 서로 몸을 붙이고 겨울을 보낸다. 체온이 떨어지지 않게 하기 위해서이다.

암컷에게는 딱 한 마리에게만 여왕벌이 될 기회가 주어질 뿐이에요. 여왕벌이 될 새끼(애벌레)들은 더 많은 먹이를 먹게 되고 특별한 대우를 받는 거죠. 그렇지만 나머지 암컷들은 오로지 일꾼일 뿐이에요.

 수수께끼·넷 – 벌집은 왜 육각형일까?

벌이 왜 집을 육각형으로 짓는지 알아요? 그야, 팔각형으로 지으려면 어려우니까.

 뭐, 그럴 듯한 이야기지만 그건 아니에요. 그럼, 왜 벌들은 남들처럼 원통 모양으로 짓지 않을까? 자기 몸도 원통 모양이면서 말이에요. 평범하게 보이는 게 싫어서라구요? 벌을 우습게 보지 마세요. 벌이 자기 집을 육각형으로 짓는 이유는 매우 과학적인 계산에 의해서라구요.

 우선 자기 집을 원통 모양으로 짓는다고 생각해 보세요. 하나만 달랑 짓는다면 모르지만 벌집은 여러 개가 다닥다닥 붙어 있잖아요. 이 때 원 모양으로 지으면 남는 공간이 생기겠죠? 집과 집 사이에 틈이 생긴단 말이에요. 즉 공간을 효율적으로 충분히 이용하기 위해서 육각형으로 짓는 것이에요.

 또한 빈틈이 없어야 위험도 적어집니다. 꿀을 저장해야 하는데 원통으

벌집

벌집은 육각형이다. 여러 개의 집을 만들면서 틈없이 집을 만들려면 삼각형이나 사각형도 가능하다. 그럼에도 육각형으로 만드는 이유는 삼각형이나 사각형보다 육각형으로 만들어야 더 넓은 면적을 확보할 수 있게 되기 때문이다. 물론 원 모양으로 만들 때 가장 넓은 면적을 확보할 수 있지만 이 때에는 집과 집 사이에 틈이 생긴다. 육각형 이상의 도형은 모두 틈이 생기기 때문에 가장 넓은 면적을 확보할 수 있으면서도 틈이 생기지 않는 집 모양을 결정하다 보니 육각형이 된 것이다. 그런 면에서 벌은 매우 과학적인 곤충이라고 할 수 있다.

로 만들어 틈이 생기면 그 사이에 다른 벌레가 살게 될지도 모르고 그러면 꿀이 위험해 질 거예요.

그러나 모든 벌이 육각형의 모양으로 집을 짓는 것은 아닙니다.

호리병벌은 흡사 도자기와 비슷한 모양의 집을 짓습니다.

호리병벌은 우선 입에 물을 담아 흙과 섞죠. 그리고 몸을 좌우로 돌리면서 반죽을 합니다. 그렇게 만들어진 흙덩어리를 입과 다리로 눌러서 가늘고 길게 만들어 가는 거죠. 흙이 다 떨어지면 다시 흙을 가져와 반죽하고 다시 빚고 이렇게 열 번이고 스무 번이고 하고 나면 서서히 항아리 모양의 집이 만들어지는 거예요.

이렇게 만들어진 집은 오랫동안 눈비를 맞아도 허물어지지 않고 웬만해서는 물기도 스며들지 않아요.

그런 뒤에 이 호리병 속에 알을 낳아요. 물론 그게 끝은 아니죠. 어디선가 나방을 잡아와 역시 자신이 만들어 놓은 집에 넣습니다. 이 녀석들은 곧 깨어날 호리병벌 애벌레의 먹이가 되는 거예요. 그런 뒤에야 호리병벌의 어미는 좁은 입구를 막아 버립니다.

나나니벌이란 녀석도 특이하죠. 녀석은 흙 속에 아주 좁고 긴 구멍을 뚫어서 집을 지어요. 그런 다음 나방을 잡아와 이 구멍 속에 넣어요. 그리고 나방에 독침을 쏘아 움직이지 못하게 만든 뒤 알을 낳아 놓고 역시 구멍을 막아 버린답니다.

그런가 하면 송곳벌은 대나무의 구멍에 알을 낳습니다. 턱이 단단해서 그 튼튼한 대나무를 뚫는 것도 식은 죽 먹기죠.

그런가 하면 곰벌은 나무 속에 아주 긴 터널을 파고 그 안에 방을 여러 개 만듭니다. 그리고 그 방에 각각 꿀과 꽃가루를 넣은 다음 알을 한 개씩 낳아요. 참으로 대단한 녀석들이에요.

이런 곤충 저런 곤충 – 맹수보다 무서운 메뚜기

이것 참, 어이가 없군요. 개미 허리 끊어지는 소리도 이보다는 우습지 않을걸요. 새끼손가락만한 메뚜기가 사자와 호랑이 같은 맹수보다 무섭다니……

사실이 그렇잖아요. 크기도 그렇지만, 녀석들은 곤충 중에서는 보기 드물게 '도시락 반찬'이 되기도 하는 녀석들이거든요. 아마 아직도 가을이면 메뚜기를 볶아서 파는 반찬 가게가 있을걸요. 얼마나 바삭바삭하고 고소한지 몰라요. 메뚜기 볶음 한 접시만 있으면 맛있게 밥 한 그릇 뚝딱!

어엇, 괴물 같다구요? 징그럽다구요? 하지만 불과 20-30년 전만 하더라도 농촌에서는 이런 일이 흔했어요. 지금은 농약 먹은 메뚜기가 많아서 못 먹지만 말이에요.

이런 조그만 녀석들이 맹수보다 무섭다는 소문은 왜 났을까요. 그건 녀석들이 떼를 지어 몰려다니기 때문이에요. 무슨 깡패도 아니고 이 녀석들은 떼를 지어 다니면서 한 해 애써 지은 농사를 망쳐놓기 일쑤거든요.

메뚜기
메뚜기는 특히 뒷다리의 근육이 발달해 있어서 아주 잘 뛴다. 메뚜기라는 이름의 '메'가 '뫼'(산의 옛말)에서 온 말이고 '뚜기'는 '뛴다'라는 말이 변형된 것이라 한다. 즉 메뚜기는 산을 뛰어다니는 곤충이라는 것인데, 실제로 메뚜기는 한 번 뛰면 75센티미터까지 뛰어오른다. 사람에게 잡히면 뒷다리를 끊고 도망가기도 한다.

옛날 삼국 시대의 역사를 기록해 놓은 《삼국사기》라는 책을 펴 보면 알 거예요. 녀석들이 얼마나 자주 나타나 곡식을 못 쓰게 했는지 말이에요. 그러니 농부들에게는 호랑이 한두 마리보다는 메뚜기가 더 무서웠을 거예요.

그런데 이런 메뚜기가 중국에서는 풍요로움을 상징했답니다. 그래서 중국의 옛 책《시경》에는 이런 시가 나온대요.

　　메뚜기가 떼를 지어 몰려드니
　　네 자손도 번창하리라.

맞아요. 메뚜기는 번식력이 아주 강하거든요. 또 떼를 지어 몰려다니니 자손을 많이 낳아서 대대로 번창하라고 이런 시를 지어 노래를 불렀던 거예요.

곤충과의 진실 게임 · 다섯 - 사슴벌레를 키워 보자

사슴벌레라구?

이름이 사슴벌레라고 해서 이 녀석이 사슴처럼 우아하게 생기거나 순진하게 생기지는 않았습니다. 오히려 사납고 무슨 싸움꾼처럼 생겼죠. '사슴벌레' 라는 이름이 붙게 된 건 순전히 머리에 사슴의 뿔처럼 생긴 장식을 가지고 있기 때문이에요. 사실 이것도 큰 턱이 튀어나와 만들어진 것이에요.

아무튼 이 녀석은 얼마 전까지만 해도 이 집게처럼 생긴 장식 때문에 '집게벌레' 라고 불렸어요.

아직도 어떤 지방에서는 여전히 집게벌레라고 부르고 있구요. 이 녀석은 집게를 적과 싸울 때 무기로 사용하는데, 수컷에게만 있고 암컷은 아주 작은 집게(사실은 턱이에요)만을 가지고 있답니다.

그러나 지금 이 녀석을 사슴벌레라 부르는 것은 진짜 집게벌레와 구별하기 위해서입니다. 진짜 집게벌레는 머리 쪽이 아니라 꼬리 쪽에 집게가 달린 것을 말합니다.

사슴벌레를 잡아라!

낮에 사슴벌레를 찾으려면 우선 상수리나무를 찾고 그 중에서도 수액이 흐르거나 채 마르지 않은 나무를 유심히 살펴보세요. 녀석들은 나무의 수액을 아주 좋아해요. 때문에 수액이 많은 나무일수록 녀석들이 살고 있을 확률이 높은 거예요.

그러나 낮에는 나무 구멍 속에 숨어 있는 것이 보통이어서 찾기가 쉽지 않을 거예요. 물론 밤에는 녀석들이 구멍에서 나오지만 워낙 민감해서 사람들의 발소리나 불빛에도 잘 놀라 금방 숨어 버리기 일쑤죠.

그러나 나무 한 그루에서 두 마리를 잡았다면 더 이상 잡으려 하지 마세요. 녀석들은 나무 한 그루에 두마리씩만 사는 것이 보통이거든요.

무엇이 필요할까?

사육통은 플라스틱이나 유리로 된 상자를 준비하세요. 바닥은 상수리나무나 졸참나무의 톱밥을 부엽화시킨 것으로 깔아 주고요. 반드시 녀석들이 오르내리며 운동할 나뭇가지가 필요하니까 꼭 준비하세요.

그리고 주위가 지저분하지 않게 하는 것도 중요한 일입니다.

이것과는 별도로 사슴벌레가 알을 낳을 나무 토막을 준비해야 합니다. 사슴벌레는 보통 썩은 참나무에 구멍을 내어 알을 낳거든요.

사슴벌레
사슴벌레는 검정색과 갈색이 대부분이다. 주로 밤에 활동하며 발달한 수컷의 큰 턱은 적과 싸울 때 쓰이는데, 나무를 갉는 역할은 못한다. 열대 지방에 많이 살며 전세계에 1,000여 종이 살고 있다. 톱사슴벌레와 왕사슴벌레, 애사슴벌레가 가장 많이 알려져 있다.

어떻게 키울까?

가장 중요한 것은 먹이!

수분이 많지 않은 과일, 예를 들어 바나나와 사과를 준비해 두고 혹시 물이 필요할지 모르니까 이 때를 위해서 복숭아를 미리 준비합니다. 그리고 젤리를 가끔 주세요. 맛있는 간식이니까요.

사육통을 놓는 위치도 중요합니다. 통풍이 잘 되고 직사광선이 들지 않는 곳은 필수! 습도를 적당히 유지하고 암컷 한 마리에 수컷 한두 마리를 함께 키우는 것이 가장 좋습니다.

　에어컨 바람은 반드시 피해 주어야 합니다. 찬바람은 곤충에게 가장 큰 적이거든요.

　물론 모기향이나 살충제도 금물! 겨울이 되면 바닥의 매트를 높여 겨울잠을 자게 해 주어야 합니다. 그래야 오래 살기 때문이죠.

14. 엄마 아빠를 닮은 곤충, 물자라와 물장군, 집게벌레

1 아빠를 닮은 물자라와 물장군

　물자라는 아빠를 닮았다.

　무슨 말일까요? 생김새가 닮았을 리는 없고, 크고 튼튼할까요? 그것도 아니라면 수염이라도 많이 났을까요? 물자라가 아빠를 닮은 건 바로 마음이에요. 애지중지 자식을 보살피는 마음이죠. 오히려 사람보다 낫다는 소리도 듣기도 해요.

　그럴 수밖에 없어요. 물자라의 아빠는 자기 새끼들을 등에 업고 키우거든요. 엄마도 아니고 아빠가 이 정도라면 보통이 아니죠?

　틀림없이 무슨 사정이 있긴 있을 거예요.

　맞아요. 물자라는 암컷과 수컷이 짝짓기를 할 때부터 좀 심상치 않아요. 암컷과 수컷이 서로 다른 마음을 갖고 있거든요.

　우선 암컷을 볼까요? 물자라의 암컷은 좀 머리가 나쁜가 봐요. 한 마리의 수컷과 짝짓기를 하고 난 다음에 또 다른 짝을 만나서 짝짓기를 해요. 그러고는 금방 까 먹고 다른 짝과 또 짝짓기를 하죠. 물론 암컷이 이러는 건 까마귀 고기를 먹어서가 아니에요. 물 속에는 의외로 적들이 많아서 알을 빼앗길 염려가 많거든요. 그래서 알을 하나라도 더 낳으려고 애를 쓰는 거예요.

그렇다면 수컷은?

물자라
물자라는 주로 연못이나 늪과 같은 고인 물에서 산다. 몸은 주로 황갈색이고 꼬리 쪽에 신축성이 있는 호흡관이 있어서 이것으로 호흡을 한다. 물풀 사이에 숨어 있으면 잘 눈에 뜨이지 않으며 먹이를 잡을 때는 숨어 있다가 갈고리처럼 생긴 앞다리로 낚아채서 먹이를 잡는다. 겨울에는 물 속에 떨어진 낙엽 속에서 겨울잠을 잔다.

수컷의 입장에서 보면 이런 암컷을 믿을 수가 없어요. 자신과 짝짓기를 한 다음에도 다른 짝을 또 만나니까 암컷이 낳은 알이 내 것인지 남의 것인지 알 수가 없는 거예요. 잘못하면 내 자식은 버려 두고 남의 자식을 키우게 될지도 모르죠.

그래서 수컷은 한 마리의 암컷과 여러 번 짝짓기를 해요. 그런 다음 곧바로 암컷이 알을 자신의 등에 낳도록 하는 것입니다. 그러면 틀림없이 그 알들이 자기 자식임에 틀림없겠죠? 참으로 머리가 좋은 녀석이에요. 자기 새끼를 보호하려는 노력이 정말 눈물겹지요?

바로 이 때, 암컷이 수컷의 등에 낳는 알은 약 30-40개.
무겁겠다구요? 뭐, 무겁지는 않겠지만 키우는 일이 보통이 아니겠죠?
그래요. 가장 힘든 일은 알에 산소를 공급하는 일이에요. 숨을 쉬어야 할 거 아니에요. 또 공기가 부족하면 새끼가 알에서 깨어나기 힘들거든요. 그래서 물자라는 물 위로 떠올라요.

그러나 이 일은 물자라에게 아주 위험천만한 일이에요. 물 밖에는 수도 없이 많은 천적들이 있기 때문이죠. 특히 물새들이 호시탐탐 물자라를 사냥하기 위해 노리고 있단 말이에요. 이를테면 물자라는 새끼를 키우기 위해서 목숨을 거는 셈이에요.

물장군의 경우도 비슷해요. 다만 다른 것은 물장군은 수컷의 등이 아니라 물 밖에 있는 풀에 알을 낳는다는 것이죠. 물론 위험하기는 마찬가지! 이 경우에는 산소가 아니라 오히려 수분이 부족해서 알이 깨어나지 못할 위험이 커요. 그래서 수컷은 부지런히 물 속을 드나들며 자신의 몸에 묻은 물을 알에 뿌려 줍니다. 이런 일을 하루 종일 반복한답니다.

그러다가 혹시라도 적이 나타나면 제 몸으로 알을 감싸 안아요. 그러고는 앞발로 적을 위협하죠.

그런데 물장군의 경우에는 참으로 엉뚱한 일이 생기기도 해요. 가끔씩 아주 힘센 암컷이 알을 보호하는 수컷에게 달려들거든요. 이 때 수컷은 자기보다 힘센 암컷에 무릎을 꿇고 말아요. 그러면 힘센 암컷은 수컷이 보호하던 알을 단숨에 삼켜 버리거나 부수어 버려요. 그런 다음 수컷을 강제로 다른 곳으로 데리고 가서 짝짓기를 한 다음 자기의 알을 낳아 그것을 지키게 하죠.

이 힘센 암컷은 왜 이런 짓을 하는 걸까요? 그야 물론 자신의 새끼를 더 많이 낳기 위해서죠.

어쨌든 대단하죠?

2 엄마를 닮은 집게벌레

집게벌레의 옛날 이름은 '가위벌레'랍니다. 실제로 가위처럼 생긴 집게가 꼬리 쪽에 아주 날카롭게 발달해 있거든요. 집게벌레는 이것으로 적을 위협하고 자신을 지킬 때 씁니다. 물려 본 사람만이 그 아픈 맛을 알 거예요.

'못뽑이'라는 이름도 있어요. 가만히 보면 정말로 못을 아주 잘 뽑게 생겼거든요. 아, 혹시 사슴벌레와 혼동하는 사람은 없겠죠? 옛날에는 사슴벌레도 집게벌레로 불렀거든요. 사슴벌레도 큰 집게를 가지고 있기 때문이랍니다. 그래서 과학자들이 앞에 집게가 있는 것은 사슴벌레로, 뒤에 집게가 있는 것은 집게벌레로 부르기로 했대요. 그러니까 지금부터는 혼동하지 마세요.

이크, 조금 이야기가 빗나갔네요. 집게벌레가 우리 엄마랑 얼마나 닮았는지 이야기할 차례죠?

우선 이 녀석들이 사는 곳부터 살펴보아야 해요. 녀석들은 대부분 습기가 많은 숲 속이나 썩은 나무 밑에 많이 살아요. 물론 낮에는 그 속에서 꼼짝도 하지 않죠. 주로 밤에 이 동네 저 동네 휘젓고 다니면서 작은 곤충을 잡아먹기도 하고 식물의 이파리를 뜯어먹기도 해요. 아, 죽은 시체도 먹구요.

집게벌레
집게벌레의 무리는 날개가 넷, 앞날개는 짧고 뒷날개는 부채 모양으로 둥글다. 종류마다 다르긴 하지만 집게벌레는 4번에서 7번 정도 껍질을 벗는다. 전세계에 약 1,900 종의 집게벌레가 있고, 우리 나라에는 약 19종류의 집게벌레가 있다.

그러다가 이른 봄에 짝짓기를 하고, 녀석들은 돌 밑과 같이 어둡고 축축한 곳에 알을 낳아요. 한 번에 적게는 열댓 개 많게는 80개까지 낳죠. 바로 이 때부터 집게벌레 어미의 지극 정성이 시작됩니다. 집게벌레는 하얗고 투명한 알을 하나씩 일일이 보살펴요. 혹시 흙이라도 묻을까, 곰팡이라도 생기지 않을까, 노심 초사(勞心焦思)하죠. 노심 초사란 말이 어렵

다구요? 마음을 쓰며 애를 태운다는 뜻이에요. 저것 보세요. 알을 하나씩 차곡차곡 쌓아올려 놓은 다음 그 곁에서 잠시도 떠나지 않고 핥고 문지르며 알이 상하지 않도록 애쓰잖아요.
 어미 집게벌레는 가끔씩 알이 놓여 있는 자리가 불안한지 이 쪽에서 저

쪽으로 알을 옮기기도 해요. 어버이날 부르는 노래 가사에도 나오죠?

> 진 자리 마른 자리 갈아 누이며
> 손발이 다 닳도록 고생하시네.

정말 그런지 알고 싶다구요?

좋아요. 그러면 봄에 숲 속이나 계곡 주위로 가서 커다란 돌을 한번 들어올려 보세요. 십중팔구 그 곳에 집게벌레가 살 거예요. 그러면 집게벌레 어미가 놀라서 허둥대는 모습이 보일 거예요.

이리저리 왔다갔다 우왕좌왕……

행여나 자신의 알이 상하거나 누군가 나타나 훔쳐갈까 봐 알 주위를 맴돌면서 정신을 못 차리죠. 그러고는 곧바로 자신의 집게를 바짝 세우고 위협해요. 말을 못해서 그렇지 속으로는 아마,

'내 알에 손 대지 마라. 건드리면 너도 무사하지 못해!'

이랬을 것입니다.

곤충과의 진실 게임 · 여섯 – 곤충 채집 ABC

주머니가 많은 옷을 입어라!

곤충 채집을 할 때는 헌옷이 좋습니다. 풀물이 들거나 더러워져도 괜찮은 것이어야 하는데, 무엇보다 꼭 끼지 않고 활동하기 편해야 합니다. 여름이라도 긴 옷을

입는 것도 잊지 마세요. 벌레에 물릴 수도 있고 풀에 베이거나 가시에 찔릴 수도 있기 때문입니다. 또 피부가 햇볕에 적게 닿을수록 덜 피곤하거든요. 그리고 가능하면 주머니가 많은 옷을 입으세요. 관찰할 때 필요한 자잘한 도구를 넣고 다니기에 편하기 때문인데, 등산이나 낚시할 때 쓰는 주머니가 많은 조끼가 있으면 더할 나위가 없겠죠?

모자와 운동화를 신는 것도 잊지 마세요. 장갑도 준비하구요. 혹시 늪 지대로 간다면 장화는 필수!

어떤 도구를 준비할까요?

곤충망은 반드시 필요하겠죠? 노트와 필기 도구는 기본이고, 혹시라도 벌레에 물리거나 가시에 찔렸을 때를 대비해서 구급 약품도 준비해야 합니다. 벌이나 독이 있는 벌레를 따로 담아 두기 위해서 유리병 몇 개는 꼭 준비하시구요, 녀석이 어떤 녀석이고 언제 어디서 잡았는지 기록해야 하니까 꼬리표도 충분히 주머니에 넣어 두세요. 자세한 관찰이 필요할 때가 있기 때문에 확대경도 있어야 할 거예요. 독이 있는 벌레는 장갑을 낀 손으로 만져도 위험할 수 있으니까 핀셋도 잊지 말고 챙기세요. 채집한 벌레에 대해 알아야 하니까 부피가 작은 도감도 준비하면 도움이 될 거예요.

조심조심! 곤충 채집할 때 주의할 일

무엇보다 중요한 것은 곤충을 절대 맨손으로 만져서는 안 된다는 것입니다. 곤충은 사람을 적으로 생각하여 달려들기도 하는데 그런 벌레들 중에는 독을 가지고 있는 것이 꽤 있기 때문이죠. 특히 말벌 같은 녀석을 잘못 건드리면 죽을 수도 있거든요. 진드기도 작지만 무서운 녀석이에요. 특히 털진드기는 병을 옮기고 다니는 녀석이라구요.

당연한 말이지만 너무 가까이 눈을 대고 관찰하는 일도 피해야 할 겁니다. 곤충을 잡았을 때는 다리가 부러지거나 날개가 찢어지지 않도록 조심해야 합니다. 특히 곤충망으로 잡을 때, 망에 걸려 곤충이 다치지 않도록 조심 또 조심해야겠죠.

이런 관찰도 해 보세요

첫째, 무엇을 먹는지 보세요. 왜냐구요? 곤충의 먹이는 녀석들이 제각각 사는 생활 습성이나 사는 곳 등과 아주 밀접한 관련이 있기 때문이에요.

둘째, 사람과 어떤 관련이 있을까도 생각해 보세요. 어떤 곤충은 사람에게 이롭지만(익충), 어떤 곤충은 해롭기도 해요(해충). 이를테면 파리와 모기는 전염병을 옮기는 해충이지만, 사마귀는 잔인해도 해충을 잡아먹기 때문에 사람에게는 아주 이롭습니다.

이런 곤충은 이렇게 잡아요?

날아다니는 곤충은 방충망으로 잡지만 나무진에 모이는 곤충, 이를테면 사슴벌레나 풍뎅이와 같은 곤충은 가짜 나무진을 만들어서 유인한 뒤에 잡아요. 흑설탕을 녹여 끓인 다음에 포도주를 2-3방울 넣으면 훌륭한 나무진이 만들어지거든요. 이것을 나무에 발라 놓으면 곤충들이 모여들죠.

　기어다니는 곤충은 함정을 파 두세요. 못 쓰는 바구니를 땅에 파묻은 다음, 중간에 쇠그물을 걸쳐 놓고 그 아래에는 미끼를 놓아 둡니다. 그러면 냄새를 맡고 떨어진 곤충을 손쉽게 잡을 수가 있죠.